나라는 기업을 상장하라

나라는 기업을 상장하라

발행일	2026년 2월 2일

지은이	제이안
펴낸이	손형국
펴낸곳	(주)북랩

출판등록	2004. 12. 1(제2012-000051호)
주소	서울특별시 금천구 가산디지털 1로 168, 우림라이온스밸리 B동 B111호, B113~115호
홈페이지	www.book.co.kr
전화번호	(02)2026-5777　　　　　　　팩스　(02)3159-9637

ISBN	979-11-7598-092-1 03320 (종이책)　　　979-11-7598-093-8 05320 (전자책)

작가 연락처 문의 ▸ ask.book.co.kr

전용 게시판에 문의를 남기시면 저자에게 직접 전달됩니다.

(주)북랩 성공출판의 파트너

북랩 홈페이지와 SNS에서 다양한 출판 솔루션을 만나 보세요!

홈페이지 book.co.kr　　•　**블로그** blog.naver.com/essaybook　　•　**출판문의** text@book.co.kr

카톡채널 북랩

나라는 기업을 상장하라

제이안 지음

북랩

당신은 '퇴직'하려는가,
아니면 '상장'하려는가?

1. 퇴직금으로 시작하는 비즈니스는 '자살행위'다

매년 수많은 직장인이 회사를 떠납니다. 그리고 그들 중 대다수는 평생을 바쳐 받은 퇴직금을 털어 익숙하지 않은 자영업에 뛰어들거나, 막연한 희망을 품고 1인 기업의 길로 나섭니다. 하지만 냉정하게 말해, 준비 없이 퇴직금에 의존하는 독립은 비즈니스가 아니라 '생존을 건 도박'입니다.

시장은 당신의 절박함을 배려하지 않습니다. 퇴직금이 바닥을 보일 때쯤 찾아오는 공포는 당신의 창의성을 마비시키고, 결국 당신을 다시 어딘가의 '고급 노예'로 되돌려 보냅니다. 저는 이 책을 통해 분명히 선언합니다. 이 책은 퇴직금을 밑천 삼아 나가서 고생하라는 지침서가 절대 아닙니다. 오히려 그 반대입니다. 이 책은 당신이 회사를 다니는 동안, 그 안정적인 월급과 퇴직금을 어떻게 '자본 시스템'으로 치환하여 당신만의 요새를 먼저 구축할 것인가를 다루는 재무적 생존 전략서입니다.

2. '퇴물' 취급을 받는 당신에게: 회사는 당신의 'R&D 센터'다

조직에서 밀려나고 있다는 느낌, 후배들에게 자리를 내주어야 한다는 압박감, 이른바 '퇴물' 취급을 받는 순간의 상실감을 저도 잘 압니다. 많은 이들이 이 감정에 휘둘려 충동적으로 사표를 던집니다. 하지만 경영자의 눈으로 볼 때, 그것은 가장 비싼 비용을 치르는 실수입니다.

감정에 속지 마십시오. 회사가 당신을 소외시킨다면, 그것은 당신에게 '나 주식회사를 위한 연구 개발(R&D) 시간'이 주어졌다는 신호입니다.

조직의 평가에 일희일비할 에너지를 아껴 AI와 미디어 활용 능력을 연마하십시오. 회사의 복지와 인프라를 이용해 당신의 취미와 전문성을 지식 상품으로 정교화하십시오. 무엇보다, 매달 꼬박꼬박 입금되는 급여를 글로벌 우량 자산에 재투자하여, 독립하는 날 당신에게 '디지털 월급'을 줄 사내 재무팀을 미리 완성하십시오.

역설적이게도 1인 기업가라는 목표가 생기는 순간, 직장에서의 스트레스는 증발합니다. 당신은 이제 '밀려나는 직원'이 아니라, '상장 준비를 위해 적진에서 군자금을 모으는 CEO'이기 때문입니다. 이러한 여유는 당신을 다시 직장 내에서 인정받는 대체 불가능한 전문가로 거듭나게 할지도 모릅니다.

3. 이 책이 안내하는 '나 주식회사' 상장 로드맵

이 책은 당신이라는 우량주를 세상이라는 시장에 상장시키기 위한 5단계의 치밀한 경영 계획서입니다.

1부. [상장 마인드셋]: 노동자가 아닌 경영자의 눈으로 세상을 보는 법을 익힙니다.

2부. [시스템 구축]: AI를 수석 비서로 채용하고, 당신의 시간을 10배로 늘리는 기술적 토대를 닦습니다.

3부. [IPO 준비]: 당신의 지식을 상품화하고, 얼굴 노출 없이도 시장의 신뢰를 얻는 '공모가 산정' 전략을 다룹니다.

4부. [상장 후 경영]: 글로벌 자산 배분을 통해 배당금이 생활비를 감당하는 '완전한 상장'의 상태를 유지하는 법을 배웁니다.

5부. [CEO의 철학]: 100년 기업으로 가기 위해 매일 아침 당신의 영혼을 리밸런싱하는 마인드셋을 다룹니다.

자유는 사표 한 장으로 얻어지는 것이 아닙니다. 자유는 치밀하게 설계된 시스템과 흔들리지 않는 자본의 합작품입니다.

직장을 다니는 지금이 당신 인생에서 가장 안전하게 도전할 수 있는 골든타임입니다. 회사를 당신의 꿈을 가두는 감옥이 아니라, 당신의 비즈니스를 지원하는 가장 거대한 투자자로 만드십시오. 노동 소득이 자본 소득으로 변하고, 당신의 취미가 독보적인 전문성이 되어 세상과 연결될 때, 당신은 비로소 진정한 의미의 독립을 맞이하게 될 것입니다.

이 책은 그 기나긴 여정의 든든한 Thought Partner가 되어줄 것입니다. 자, 이제 당신 주식회사의 상장 종을 울릴 준비가 되셨습니까?

[당신에게 드리는 저자의 질문] 당신은 '풀매수'**하**고 싶은 종목입니까?

오전 9시, 대한민국 직장인들의 소리 없는 전쟁이 시작됩니다. 출근길지하철, 사무실 모니터 한구석, 혹은 화장실 변기 위에서 우리는 모두 같은 행동을 합니다. 스마트폰을 켜고 주식 창을 확인하는 일입니다. 나스닥의 등락에 밤잠을 설치고, 삼성전자의 배당금에 일희일비하며, 엔비디아가 세상을 바꿀 것이라 확신하며 내 소중한 월급을 쏟아붓습니다.

남이 세운 회사의 미래 가치를 분석하는 데는 그토록 철저한 우리가, 정작 세상에서 가장 큰 수익을 가져다 줄 종목 하나는 철저히 방치하고 있습니다. 바로 '나'라는 이름의 기업입니다.

냉정하게 묻겠습니다. 만약 당신이라는 존재가 주식 시장에 상장되어 있다면, 당신은 전 재산을 털어 당신의 주식을 '풀매수'하겠습니까? 당신의 가족들에게 "이 종목은 확실하니 믿고 투자하라"고 자신 있게 말할 수 있습니까?

안타깝게도 대부분의 직장인은 투자자의 관점에서 볼 때 '상장 폐지'를 걱정해야 할 위험 종목에 가깝습니다.

매출 구조의 취약성: '회사'라는 단 하나의 거래처에 매출의 100%를 의존하고 있습니다.

성장성의 한계: 매년 물가 상승률조차 따라잡지 못하는 연봉 인상률은 사실상 역성장을 의미합니다.

감가상각의 위기: 나이가 들고 직급이 높아질수록 시장에서의 수요는 줄어들고 유지 비용(연봉)만 높아집니다.

금융자본 투자 무지성: 회사 생활 중 누적 되는 퇴직금을 장기 투자 즉 IRP, ISA 계좌로 지수 추종 투자와 복리, 절세 지식 부재로 퇴직금 원금보장 안정성에 의존하고 있습니다.

하지만 더 무서운 진실이 있습니다. 노동 소득의 속도는 자본 소득의 속도를 절대 따라갈 수 없습니다. 아무리 당신의 몸값을 높여 '나라는 기업'을 화려하게 포장해도, 그 수입이 오직 당신의 '노동'에서만 나온다면 당신은 영원히 멈출 수 없는 쳇바퀴에 갇힌 CEO일 뿐입니다. 성실함이 최고의 미덕이라 믿으며 30년을 일해도, 시스템을 갖춘 자의 복리 수익을 이길 수 없다는 것이 자본주의의 냉혹한 진실입니다.

진정한 상장(IPO)은 '몸값'과 '자산'이라는 두 바퀴로 완성됩니다.

이 책은 당신을 단순히 '회사를 때려치우게 만드는 책'이 아닙니다. 오히려 당신이 다니는 회사를 철저하게 이용하여 '나라는 기업을 시장에 성공적으로 상장(IPO)'시키기 위한 치밀한 경영 지침서입니다. 그리고 그 경영의 핵심에는 반드시 당신의 자산을 지켜줄 '재무 시스템'이 함께 작동해야 합니다.

회사는 당신의 인생을 책임지지 않습니다. 오직 '시스템화된 개인'만이 살아남습니다. 1인 기업가로서 당신의 전문성을 브랜딩하여 몸값을 '주가'로 끌어올리는 동시에, 급여와 퇴직 충당금을 제가 제안하는 '자동투자 시스템'을 통해 자산 증식 시스템을 가동하십시오. 감정에 휘둘리는 '투자 감정'에서 벗어나 든든한 '투자 시스템'을 설치하는 것, 그것이 나라는 기업의 재무 건전성을 확보하는 유일한 길입니다.

자산 투자는 단순히 돈을 불리는 공격적인 행위가 아닙니다. 녹아내리는 화폐 가치로부터 내 노동의 가치를 보존하려는 필사적인 방어 행위입니다. 1년에 딱 두 번, 4월 21일과 10월 21일에만 자산을 점검하는 단순하고도 강력한 구조를 당신의 인생에 설치하십시오. 이것은 당신이 1인 기업가로서 새로운 도전에 몰입하는 사이에도 당신의 자산을 스스로 불려주는 든든한 '사내 재무팀'이 되어줄 것입니다.

이제 당신의 명함에서 회사 이름을 지워보십시오. 그 뒤에 남는 진짜 실력(Fundamental)으로 시장의 신뢰를 얻고, 동시에 당신만의 머니 파이프라인(System)을 구축하여 경제적 해자를 만드십시오. 남의 주식으로 부자가 되기를 꿈꾸기 전에, 먼저 당신의 몸값을 주가로 바꾸고 당신의 자산 운용을 자동화하십시오.

지금부터, '나 주식회사'의 성공적인 기업 공개(IPO)를 위한 투자 설명회를 시작합니다.

목차

4부 [상장 후 경영] – 배당금 받는 삶: 지속 가능한 독립을 위하여

 **5부** [CEO의 철학] – 100년 기업으로 가는 마인드셋

1부

종목 분석

당신의 재무제표는 안녕하십니까?

01.

[PER 분석 ①]

연봉 1억의 함정:

당신은 고평가주인가 우량주인가

1. '연봉 1억'이라는 숫자가 가리는 진실

대한민국 직장인들에게 '연봉 1억'은 일종의 훈장과 같습니다. 상위 5% 안에 들었다는 자부심, 남부럽지 않은 소비를 할 수 있다는 안도감, 그리고 우리 사회가 부여하는 '성공한 직장인'이라는 타이틀. 하지만 투자자의 관점에서 '연봉 1억'은 매우 위험한 신호일 수 있습니다. 주식 시장에서 주가가 급등했을 때 우리가 가장 먼저 확인하는 것이 무엇입니까? 바로 그 주가가 기업의 실제 돈 벌어들이는 능력(Earning)에 비해 적절한가, 즉 PER(Price Earning Ratio)입니다.

직장인의 세계에서도 똑같은 논리가 적용됩니다. 당신의 연봉이 1억(Price)이라고 칩시다. 그런데 만약 당신이 내일 당장 회사라는 울타리를 벗어나 시장에 던져졌을 때, 오직 당신의 이름 석 자로 벌어들일 수 있는 순수 이익(Earning)이 2,000만 원뿐이라면 어떨까요? 당신의 PER은 무려 '5'입니다. (여기서 분모인 E는 당신의 노동 시간을 제외한 순수 부가가치 창출 능력입니다.) 시장 평균 PER가 10~15라고 볼 때, 당신은 매우 심각한 '고평가 작전주' 혹은 '거품주'입니다.

16

나라는 기업을 상장하라

2. 고 **PER** 종목의 비극: 왜 고연봉자가 가장 먼저 '손절'당하는가

　기업이 경영 위기에 처했을 때 구조조정 리스트의 최상단에 이름을 올리는 사람은 의외로 저연봉자가 아닙니다. 바로 실력 대비 연봉이 높은 '고 PER' 직원들입니다. 경영진은 냉혹한 투자자와 같습니다. 비용(연봉) 대비 산출(성과)이 나오지 않는 자산은 과감하게 매각하거나 폐기합니다.

　특히 대기업 컨설턴트나 관리직 직무를 수행하는 분들이 이 함정에 자주 빠집니다. 회사가 구축해놓은 거대한 시스템과 막대한 자본, 그리고 선배들이 쌓아온 브랜드 파워 위에서 성과를 내다보니, 그 성과가 온전히 자신의 것인 줄 착각합니다. 하지만 그것은 당신의 실력이 아니라 시스템의 효율입니다. 시스템이라는 레버리지를 제거했을 때 남는 알몸 상태의 실력이 당신의 진짜 'E(Earning)'입니다.

　주식 시장에서 거품이 낀 종목은 시장에 작은 충격만 가해져도 주가가 반 토막 납니다. 마찬가지로 산업 트렌드가 바뀌거나 AI 같은 파괴적 기술이 등장하면, 시스템에 의존하던 고 PER 직장인들은 가장 먼저 시장에서 퇴출당하는 '상장 폐지'의 위기를 맞게 됩니다.

3. **제이안의 통찰:** 노동 소득의 속도는 결코 **자본** 소득을 **이**길 수 **없**다

　우리가 연봉(P)을 높이려고 애쓰는 이유는 결국 부자가 되기 위해서입니다. 하지만 자본주의 역사상 오직 '노동 소득'만으로 진정한 경제적 자유를 얻은 사람은 거의 없습니다.

　연봉이 올라가는 속도는 산술급수적(Linear)이지만, 자산이 불어나는 속도는 기하급수적(Exponential)이기 때문입니다. 연봉 1억을 받는 사람이 그 돈을 모두 저축한다고 해도, 시스템을 갖추고 매년 10%의 수익을 내는 10억 자산가의 속도를 따라잡을 수 없습니다. 하물며 연봉 1억을 유지하기 위해 삶의 모든 에너지를 소진하고 있다면, 당신은 스스로를 '감가상각'시키며 버티는 소모성 자산에 불과합니다.

진정한 우량주가 되기 위해서는 연봉(P)을 높이는 것에만 매몰되지 말고, 당신이 잠든 사이에도 가치를 창출하는 시스템(E)을 구축해야 합니다. PER의 분모를 키우는 작업, 그것이 1인 기업가로 가는 첫걸음입니다.

4. 저평가 우량주(Low PER)의 특징: 독립된 생존 능력

그렇다면 우리가 지향해야 할 '저평가 우량주'는 어떤 모습일까요? 이들은 연봉이 적은 사람이 아닙니다. 시장이 평가하는 가격보다 훨씬 더 큰 잠재력을 가진 사람입니다.

압도적인 전문 기술(Core Technology): 회사 간판을 떼고도 고객이 직접 찾아와 돈을 지불할 정도의 기술력.

확장 가능한 비즈니스 모델(Scalability): 내 노동력을 1:1로 파는 것이 아니라, 한 번의 작업으로 수천 명에게 영향을 주는 콘텐츠나 시스템 보유.

강력한 재무 건전성: 노동 소득이 끊겨도 최소 2년 이상 버틸 수 있는 자산 배분 시스템(S&P 500, 나스닥 포트폴리오 등).

이런 사람들은 PER가 낮습니다. 실력은 5억짜리인데 현재 연봉은 1억만 받고 있을 수 있습니다. 하지만 이들은 언제든 원할 때 스스로를 시장에 상장(독립)시킬 수 있습니다. 시장은 이런 '저평가 우량주'를 발견하는 즉시 엄청난 프리미엄을 얹어 매수하려 들 것입니다.

내 연봉의 거품을 걷어내는 'PER 정상화' 전략

연봉 1억의 달콤함에 취해 상장 폐지의 위기를 모르는 당신을 위한 제이안의 3가지 처방전입니다.

1. '회사 시스템'을 내 것인 줄 착각하지 마라

지금 당신이 업무에 사용하는 툴, 데이터, 인맥 중 퇴사 후에도 그대로 가져갈 수 있는 것이 몇 퍼센트인지 계산해 보십시오. 만약 20% 미만이라면 당신은 지금 심각한 '시스템 대출'을 쓰고 있는 상태입니다. 퇴사라는 상환 기일이 오기 전에, 온전히 당신 소유인 '지식 자산'을 구축하십시오.

2. '감정 투자'를 버리고 '시스템 투자'를 시작하라

많은 고연봉자가 저지르는 실수가 '나는 똑똑하니까 투자도 잘할 것'이라는 오만입니다. 직장에서의 유능함이 시장에서의 수익률을 보장하지 않습니다. 오히려 고연봉일수록 바쁜 업무를 핑계로 감정에 휘둘리는 투자를 하기 쉽습니다.

제가 제안하는 연 2회(4/21, 10/21) 리밸런싱 시스템을 당장 도입하십시오. 당신의 몸값을 높이는 데 집중하는 동안, 당신의 재무 시스템은 기계적으로 돌아가야 합니다. 그것이 기업 경영의 기본입니다. (이 방법은 별도 목차에서 상세히 설명하겠습니다.)

3. '현금 흐름'이 아닌 '순자산 가치'에 집중하라

월급 800만 원(연봉 1억)은 현금 흐름일 뿐입니다. 기업으로 치면 매출에 해당합니다. 매출이 높다고 우량 기업이 아닙니다. 각종 비용과 세금을 떼고 남은 '당기순이익'이 당신의 자본(Equity)으로 쌓이고 있습니까? 만약 연봉 1억을 받으면서 생활비와 품위 유지비로 700만 원을 쓰고 있다면, 당신은 실속 없는 '껍데기 기업'입니다.

오늘 당장 아래의 항목에 정직하게 답하고 당신의 등급을 매겨보십시오.

진단 항목	자가 체크 포인트	점수 (1-10)
전문성 독립도	회사의 지원 없이 혼자서 결과물을 낼 수 있는가?	
시장 수요도	링크드인 등에서 꾸준히 스카우트 제의가 오는가?	
자본 소득비중	총수입 중 노동 소득이 아닌 비중은 몇 %인가?	
재무 시스템	정해진 원칙에 따라 리밸런싱을 수행하고 있는가?	
R&D 비용	매달 수입의 10% 이상을 자기계발에 투자하는가?	

80점 이상: 상장 즉시 '따상' 가능성이 높은 초우량주. 지금 바로 IPO를 준비하십시오.

50-79점: 성장 가능성이 있는 우량주. 다만 재무 시스템 보강이 필요합니다.

50점 미만: 심각한 거품주. 시장이 당신을 손절하기 전에 체질 개선을 시작해야 합니다.

제이안의 한마디

연봉 1억은 목적지가 아니라, 당신의 기업을 상장시키기 위한 '운영 자금'이어야 합니다. 숫자에 속지 마십시오. 당신의 진짜 가치는 명함이 사라진 뒤의 재무제표에 적혀 있습니다.

02.

[PER 분석 ②]

대기업이라는 거대한 착시:
계급장을 떼면 무엇이 남나

1. 명함이 주는 '환각'에 취한 사람들

사회생활을 시작하며 우리가 가장 먼저 손에 쥐는 무기는 '명함'입니다. 특히 대기업이나 누구나 알 만한 기업의 로고가 박힌 명함은 강력한 사회적 통행증 역할을 합니다. 처음 만난 사람도 명함 한 장에 태도가 달라지고, 은행에서는 묻지도 따지지도 않고 한도 높은 대출을 내어주며, 부모님은 명절마다 친척들 앞에서 당신의 회사 이름을 훈장처럼 읊조립니다.

하지만 이 지점에서 치명적인 착시 현상이 발생합니다. 사람들은 당신의 실력에 머리를 숙이는 것이 아니라, 당신 뒤에 서 있는 거대한 기업의 그림자에 경의를 표하는 것입니다. 당신이 추진하는 프로젝트가 성공하는 이유, 협력사들이 당신의 전화를 즉시 받는 이유, 수억 원의 예산을 자유롭게 집행할 수 있는 이유... 이것이 정말 당신의 '개인 역량' 덕분일까요?

냉정하게 말해, 그것은 당신이 회사라는 거대한 플랫폼의 '접속 권한'을 잠시 빌려 쓰고 있기 때문입니다. 주식 시장으로 치면, 당신은 독자적인 기술력이 있는 우량주가 아니라, 모기업의 전폭적인 지원을 받는 '비상장 자회사'에 불과합니다. 모기업의 지원(지급 보증, 일감 몰아주기)이 끊기는 순

21

간, 당신이라는 종목의 주가는 사실상 하한가를 면치 못할 것입니다.

2. '시스템 레버리지'의 역설: 당신을 약하게 만드는 환경

대기업의 시스템은 아주 정교하게 설계되어 있습니다. 개인이 조금 부족하더라도 전체 프로세스가 돌아가도록 최적화되어 있죠. 이것은 기업 입장에서는 리스크 관리지만, 개인 입장에서는 '역량의 하향 평준화'를 초래합니다.

예를 들어 보겠습니다. 대기업의 마케팅 팀장 A씨는 연간 100억 원의 광고비를 집행하며 화려한 캠페인을 성공시킵니다. 그는 스스로를 마케팅의 천재라고 믿습니다. 하지만 그가 퇴사하여 1인 기업을 차렸을 때, 당장 페이스북 광고 5만 원을 직접 집행하며 단 한 명의 고객을 모으는 데 실패하는 경우가 허다합니다. 왜일까요? 대기업에서는 대행사가 기획하고, 시스템이 데이터를 분석하며, 브랜드 네임밸류가 고객을 불러모았기 때문입니다. A씨가 한 일은 사실상 '결재'와 '조율'뿐이었습니다.

이것이 바로 **'시스템 레버리지'의 역설**입니다. 회사의 자원이 풍부할수록 개인의 야생성은 퇴화합니다. 스스로 불을 피우는 법을 배우는 대신, 라이터(시스템)를 사용하는 법만 익힌 사람은 라이터를 뺏기는 순간 얼어 죽을 수밖에 없습니다. 당신이 대기업에서 '유능하다'는 소리를 들을수록, 사실은 그 시스템에 가장 최적화된 '부품'이 되어가고 있는 것은 아닌지 의심해봐야 합니다.

3. '계급장'을 뗀 시장의 냉혹한 밸류에이션(Valuation)

주식 시장에서 스핀오프(기업 분할)를 하는 기업들을 보십시오. 모기업에서 떨어져 나온 회사가 홀로서기에 성공하려면 반드시 '독자적인 비즈니스 모델'이 증명되어야 합니다. 그렇지 못하면 주가는 상장 직후 폭락합니다.

직장인의 독립(IPO)도 똑같습니다. 퇴사라는 이름의 스핀오프를 단행했을 때, 시장은 당신에게 다음과 같은 질문을 던집니다.

"회사 이름을 떼고 당신의 이름만으로 돈을 지불할 고객이 있는가?"

"회사의 인프라 없이 당신 혼자 기획, 생산, 영업, 고객 관리(CS)를 모두 해낼 수 있는가?"

"당신이 가진 지식은 특정 회사에만 통하는 '내부용 지식'인가, 아니면 범용적인 '시장 가치 지식'인가?"

제이안이 만났던 수많은 은퇴자 중 가장 비참했던 분들은 이 질문에 답을 준비하지 못한 고위 임원들이었습니다. 수십 명의 비서와 수행 기사를 거느리며 세상을 호령하던 이들이, 퇴사 후 직접 기차표 하나 예매하지 못하고 엑셀 수식 하나 다루지 못해 당황하는 모습은 고평가되었던 거품주가 상장 폐지 절차를 밟는 과정과 흡사합니다. 이들에게 남은 것은 '왕년에 내가 말이야'라는 낡은 자존심뿐인데, 시장에서 이런 자존심의 가치는 '0'입니다.

4. 제이안의 통찰: '자산의 개인화'만이 살길이다

그렇다면 우리는 이 거대한 착시에서 어떻게 벗어나야 할까요? 제가 전작 《나는 50살에 진짜 투자를 시작했다》에서 강조했듯, 회사가 주는 소득에만 안주하는 것은 자본주의에서 스스로를 방치하는 행위입니다.

직장 생활을 하는 동안 당신이 해야 할 가장 중요한 미션은 '회사의 자산을 나의 지적 자산으로 치환하는 것'입니다.

- **경험의 지식화:** 프로젝트 성공 사례를 단순히 '내 실적'으로 기록하지 말고, 어떤 상황에서도 적용 가능한 '매뉴얼'과 '콘텐츠'로 만드십시오.

- **네트워크의 개인화:** 명함으로 맺어진 인맥을 '나라는 사람'을 신뢰하는 우호 지분으로 전환하십시오. 회사 업무로 만난 사람이라 할지라도, 그들이 당신의 실력을 보고 퇴사 후에도 당신을 찾게 만들어야 합니다.

- **재무의 시스템화:** 다시 한번 강조합니다. 노동 소득은 당신의 정체성을 담보로 빌려 쓰는 대출금과 같습니다. 4월 21일과 10월 21일, 리밸런싱 데이를 지키며 당신만의 투자 시스템을 구축하십시오. 명함이 사라지는 날, 당신을 지켜주는 것은 전 직장의 직함이 아니라 당신의 증권 계좌에 쌓인 우량주들과 거기서 나오는 배당금입니다.

'계급장' 거품 제거를 위한 3단계 훈련법

대기업의 후광에 가려진 당신의 진짜 민낯을 확인하고, 야성을 회복하기 위한 제이안의 실전 제언입니다.

1. '무자본 시장'에 직접 자신을 던져보라 회사의 예산을 쓰지 말고, 당신의 콘텐츠나 실력만으로 만 원이라도 벌어보십시오. 전자책 발간, 블로그 유료 구독, 재능 마켓 등록 무엇이든 좋습니다. 단돈 1,000원을 벌어보는 경험이 대기업에서 100억 원을 결재하는 것보다 당신의 1인 기업 생존력을 100배 더 키워줍니다. 이때 느끼는 막막함이 바로 당신의 현재 실력과 회사 간판 사이의 '괴리'입니다.

2. '내부 전용 언어'를 버리고 '시장 통용 언어'를 익혀라 회사 내부에서만 통용되는 줄임말, 우리 회사만 쓰는 툴, 우리 팀에서만 통하는 관례에 익숙해지지 마십시오. 당신의 직무를 글로벌 표준(Global Standard) 관점에서 설명할 수 있어야 합니다.

3. '나 주식회사'의 IR(Investor Relations)을 매달 작성하라 매달 말일, 당신 자신을 한 명의 주주라고 생각하고 '나 주식회사 월간 보고서'를 써보십시오. 이번 달에 당신의 내재 가치는 얼마나 상승했습니까? 새로운 기술을 익혔습니까? 아니면 그저 시간만 보내며 감가상각되었습니까? 월급 통장에 찍힌 액수보다, 당신이라는 종목의 '기술적 지표'가 개선되었는지에 집중하십시오.

아래 상황을 가정하고 당신의 대응 능력을 **점**수화해 보십시오. (각 10**점** 만**점**)

- **[독립** 영업력] 지금 당장 다니던 회사가 문을 닫는다면, 1개월 안에 나를 도와줄 '유료 고객' 후보가 3명 이상 떠오르는가?
- **[인프**라 독립도] 유료 소프트웨어, 비서, 지원팀 없이 혼자서 기획안을 작성하고 실행까지 마칠 수 있는가?
- **[전문성 객관화]** 내 직무를 모르는 사람에게 **5분** 안에 내가 제공할 수 있는 가치(Value)를 설명할 수 있는가?
- **[재무 방어력]** 퇴사 후 수입이 0원이 되더라도, 나의 리밸런싱 시스템에서 나오는 배당과 자산으로 1년 이상 생활이 가능한가?
- **[학습** 지속성] 최근 6개월간 회사 업무 외에 내 몸값을 높이기 위해 100만 원 이상의 돈이나 100시간 이상의 시간을 투자했는가?

40**점** 이상: 계급장을 뗴도 충분히 빛나는 '자생적 우량주'입니다. 상장 준비를 서두르셔도 좋습니다.

25~39**점**: 회사의 시스템에 다소 의존적입니다. 지금부터 서서히 '지식 자산의 개인화'를 시작해야 합니다.

25**점** 미만: 심각한 '시스템 중독' 상태입니다. 명함이 사라지는 순간 당신의 가치도 증발할 위험이 큽니다. 당장 야성을 회복하기 위한 특훈이 필요합니다.

제이안의 한마디

대기업 명함은 당신의 '무기'여야지 '안대'가 되어서는 안 됩니다. 명함 너머의 거친 시장을 똑바로 보십시오. 계급장을 뗴고도 사람들이 당신을 찾는 그 순간, 당신은 비로소 상장할 준비가 된 것입니다.

저평가 우량주가 되는 법:
연봉보다 실력을 먼저 상장하라

1. 주가와 내재 가치의 시간차: '가격'은 뒤늦게 따라온다

가치 투자의 대가 벤저민 그레이엄은 "시장은 단기적으로는 투표소이지만, 장기적으로는 저울이다"라고 말했습니다. 단기적으로는 인기와 유행에 따라 주가가 춤을 추지만, 결국 시간이 흐르면 기업의 본질적인 가치(내재 가치)에 수렴하게 된다는 뜻입니다.

직장인의 커리어도 이와 소름 끼칠 정도로 닮아 있습니다. 여기서 '주가'는 당신이 매달 받는 '연봉'이고, '내재 가치'는 당신이 시장에 제공할 수 있는 '해결 능력'입니다. 문제는 많은 직장인이 주가(연봉)를 올리는 데만 혈안이 되어 정작 저울 위에 올라갈 내재 가치를 키우는 데 소홀하다는 점입니다.

진정한 '저평가 우량주'는 현재 연봉보다 실력이 압도적으로 높은 상태를 의미합니다. 투자자들은 이런 종목을 발견하면 '안전 마진'이 확보되었다고 환호하며 매수합니다. 당신이 1인 기업가로 상장하기 위해 가장 먼저 확보해야 할 것이 바로 이 **안전 마진**입니다. "내가 지금 1억을 받고 있지만, 당장 밖으로 나가면 2억 원어치의 가치를 만들어낼 수 있다"는 확신이

들 때, 당신은 비로소 가격 결정권을 쥔 우량주가 됩니다. 연봉보다 실력을 먼저 상장해야 하는 이유가 바로 여기에 있습니다.

2. 왜 '연봉 인상'은 당신의 독립을 방해하는가?

아이러니하게도 적절한 수준의 연봉 인상은 당신의 독립(IPO)을 가로막는 가장 큰 장애물이 됩니다. 주식 시장에서 '배당주 함정'이라는 말이 있습니다. 기업의 성장성은 멈췄는데 배당금만 많이 주어 투자자들을 묶어두는 현상입니다. 직장인의 연봉도 이와 같습니다.

회사가 당신에게 주는 연봉은 당신의 성장을 위한 투자금이 아닙니다. 당신이 딴생각하지 않고 그 자리에 머물게 하려는 '유지 비용'입니다. 실력이 늘지 않았는데 연봉만 조금씩 오르는 상태, 즉 **고(High) PER 상태**가 지속되면 당신은 점점 더 회사에 종속됩니다. 몸값(가격)은 비싸졌는데 실력(가치)은 그대로이니, 다른 곳으로 옮기기도 무섭고 혼자 서기는 더더욱 불가능해집니다.

제이안이 전작에서 만난 수많은 '월급쟁이 부자' 지망생들이 실패한 지점이 여기입니다. 그들은 연봉이 오를 때마다 소비 수준을 높였고, 높아진 생활비를 감당하기 위해 회사에 더 처절하게 매달렸습니다. 그것은 경영이 아니라 '노예 계약의 연장'입니다. 저평가 우량주가 되기 위해서는 연봉 상승분을 '소비'로 돌리지 말고, 철저하게 당신의 내재 가치를 높이는 **R&D 비용과 장기 재무투자** (개별 주식이 아닌 ETF 지수 추종 투자) 등으로 재투자해야 합니다.

3. 실력을 **상장한**다는 것: '내부용 **지식**'을 '**시장**용 콘텐츠'**로** 변**환하**라

그렇다면 구체적으로 '실력을 상장한다'는 것은 무엇을 의미할까요? 이는 회사 내부 시스템 안에서만 통하는 '암묵지'를, 세상 사람들이 돈을 내고 살 만한 '형식지'로 규격화하는 과정을 말합니다.

- **프로세스의 모듈화:** 당신이 회사에서 처리하는 업무를 '나만 아는 노하우'로 두지 마십시오. 그것을 누구나 따라 할 수 있는 7단계 매뉴얼이나 시스템으로 만드십시오. 1인 기업가는 자신의 '시간'을 파는 사람이 아니라 '시스템'을 파는 사람입니다.
- **데이터의 자산화:** 업무 과정에서 얻은 인사이트를 숫자로 증명하십시오. "마케팅을 잘합니다"가 아니라 "광고비 대비 매출액(ROAS)을 300%에서 600%로 끌어올린 로직을 보유하고 있습니다"라고 말할 수 있어야 합니다.
- **지식의 공개(Pre-IPO):** 퇴사하기 전에 당신의 실력을 시장에 조금씩 노출하십시오. 블로그, 링크드인, 혹은 전문 커뮤니티에 당신의 인사이트를 공유하며 시장의 반응을 살피는 것입니다. 이것이 바로 주식 시장의 '수요 예측'과 같습니다.

이 과정에서 가장 중요한 것은 '지식의 복리'를 믿는 것입니다. 제가 강조하는 자산 배분 투자에서 '복리'가 원금을 기하급수적으로 불려주듯, 지식 또한 쌓일수록 서로 연결되며 폭발적인 부가가치를 만들어냅니다. 본인의 전문 지식에 투자 시스템에 대한 통찰이 결합했을 때, 세상에 없던 '재무 시스템 설계 전문가'라는 새로운 종목이 상장되는 것과 같습니다.

4. 제이안의 통찰: 노동 소득의 한계를 자본 소득 시스템으로 방어하라

저평가 우량주가 되기 위해 실력을 쌓는 동안, 당신의 등 뒤에는 든든한 '재무 방어막'이 있어야 합니다. 실력을 쌓는 R&D 과정은 시간이 걸리고 에너지가 많이 소모되는 작업입니다. 이때 당장 돈이 급해서 실력도 안 된 상태에서 시장에 나가는 실수를 범해서는 안 됩니다.

제가 전작 《나는 50살에 진짜 투자를 시작했다》에서 그토록 강조했던 **연 2회 리밸런싱 시스템**이 여기서 힘을 발휘합니다. 4월 21일과 10월 21일, 당신은 단 며칠만 투자해서 자산을 점검하십시오. S&P 500과 나스닥 ETF를 중심으로 한 포트폴리오는 당신이 실력을 쌓는 동안 묵묵히 자라나며 당신에게 '시간'을 벌어다 줄 것입니다.

노동 소득을 통해 얻은 실력으로 '자산의 크기'를 키울 수는 있습니다. 실력이라는 엔진으로 현금 흐름을 창출하고, 자본 소득이라는 바퀴로 그 가치를 보존하고 증폭시키십시오. 이 두 가지가 만나는 지점에서 당신이라는 기업의 시가총액은 상상할 수 없을 만큼 커질 것입니다.

'저평가 우량주'로 거듭나기 위한 3대 핵심 지표

당신이 지금 올바른 방향으로 R&D를 하고 있는지 확인하려면 다음 세 가지 지표를 체크해야 합니다.

1. 지식의 '시장가' 확인 (Market Pricing)

당신의 전문 분야를 다루는 유료 강의 플랫폼이나 재능 마켓을 뒤져보십시오. 당신과 비슷한 지식을 가진 사람이 얼마에 거래되고 있습니까? 그 가격이 당신의 시간당 임금보다 높다면 당신은 저평가된 상태입니다. 만약 낮다면, 당신의 실력은 아직 '회사 안에서만' 유효한 거품일 가능성이 큽니다.

2. 콘텐츠 생산 주기 (Content Velocity)

일주일에 몇 개의 '시장 통용 콘텐츠'를 만들어내고 있습니까? 단순히 일기를 쓰는 것이 아니라, 누군가의 문제를 해결해주는 전문 글이나 영상을 말합니다. 생산 주기가 빠를수록 당신의 가치는 시장에 더 빨리 전파됩니다. 이것은 주식의 '거래량'과 같습니다. 거래가 활발해야 주가가 오릅니다.

3. 시스템 투자 자동화율 (Finance Automation)

당신의 총수입 중 시스템 투자로 강제 배정되는 비율이 얼마나 됩니까? 제이안은 최소 30%를 권장합니다. 몸값을 올리는 데 집중하느라 재무 관리를 소홀히 하는 것은 '매출은 늘고 있는데 금고가 비어있는 회사'와 같습니다.

당신의 내재 가치를 높이기 위해 이번 달에 실행할 구체적인 투자 리스트를 작성해 보십시오.

구분	투자 항목 (무엇을 배울 것인가)	기대 효과 (어떤 가치를 창출할 것인가)	예산/ 시간 배정
코어 기술	예: 데이터 분석 툴 마스터	업무 자동화 및 리포트 유료화	매일 1시간
재무 시스템	예: 해외 ETF 포트폴리오 정비	배당 소득 통한 심리적 안정 확보	리밸런싱 데이
브랜딩	예: 주 2회 전문 칼럼 기고	시장 신뢰도(평판) 구축 및 잠재 고객 확보	주말 4시간
네트워킹	예: 관련 분야 1인 기업가 미팅	시장 트렌드 파악 및 협업 기회 발굴	월 1회

실행 팁: R&D는 '남는 시간'에 하는 것이 아니라 '가장 좋은 시간'을 미리 떼어놓고 하는 것입니다. 당신 기업의 미래를 결정짓는 핵심 공정이기 때문입니다.

제이안의 한마디

연봉은 회사가 당신에게 주는 점수일 뿐입니다. 진짜 성적표는 시장이 당신에게 매기는 '몸값'입니다. 회사가 당신을 평가하기 전에, 당신이 먼저 세상을 향해 당신의 실력을 상장하십시오. 가격은 반드시 가치를 따라오게 되어 있습니다.

04.

[현금흐름 ①]

월급이라는 마약:
시스템 구축을 가로막는 가장 큰 장애물

1. 매달 25일, 뇌에 주입되는 강력한 도파민

매달 정해진 날짜, 스마트폰 알림음과 함께 찍히는 숫자. 그 '월급'이라는 두 글자가 우리 삶에 주는 안정감은 실로 막강합니다. 하지만 냉정하게 말해 월급은 자본주의가 직장인에게 투여하는 가장 정교하고 강력한 '마약'입니다.

마약의 특징은 무엇입니까? 투여하는 순간 고통을 잊게 하고 가짜 행복감을 주지만, 장기적으로는 사용자의 자생력을 파괴하고 의존하게 만듭니다. 월급도 마찬가지입니다. 상사에게 받은 모욕, 의미 없는 야근의 피로, 미래에 대한 막연한 불안감도 통장에 찍힌 숫자를 확인하는 순간 잠시 마비됩니다. "그래, 이 맛에 직장 다니지"라는 자기위안은 당신의 야성을 잠재우고, 스스로 시스템을 구축해야 한다는 절박함을 갉아먹습니다.

주식 시장으로 치면, 월급은 기업이 당장의 영업 손실을 메꾸기 위해 매달 찍어내는 '단기 채권'과 같습니다. 당장은 현금이 돌아가니 문제가 없어 보이지만, 이 채권은 당신의 '시간'과 '자유'를 담보로 발행된 것입니다. 채권 이자(소비)를 갚느라 기업의 미래를 위한 R&D(시스템 구축)를 포기하고 있다면, 당신이라는 기업은 이미 서서히 도산하고 있는 중입니다.

33

2. '확정적 수익'이 주는 안일함이라는 덫

인간의 뇌는 불확실성을 생존의 위협으로 간주합니다. 반면, 매달 들어오는 확정적인 수익은 뇌를 '절전 모드'로 전환시킵니다. "이번 달에 이만큼 들어오니, 다음 달에도 당연히 들어오겠지"라는 착각은 미래를 대비하는 근육을 퇴화시킵니다.

제가 만난 직장인 출신 100억 자산가 조기 은퇴한 친구는 저와 정반대의 길을 걸었습니다. 그는 월급을 '당연한 수익'으로 보지 않았습니다. 그는 월급날을 기뻐하기보다, 이 월급이 끊겼을 때를 대비해 나 대신 돈을 벌어다 줄 '자본의 군대'를 조직하는 데 혈안이 되어 있었습니다.

그는 월급이라는 마약에 취해 신용카드를 긁는 대신, 그 돈을 국내 ETF, S&P 500과 나스닥 ETF, 배당 ETF, 금/은 ETF라는 지분으로 치환했습니다. 그에게 월급은 소비의 원천이 아니라, 시스템이라는 성을 쌓기 위한 '벽돌'이었습니다. 반면 저는 그 벽돌로 성을 쌓는 대신, 매달 그 벽돌을 팔아 화려한 파티(소비)를 즐겼습니다. 시간이 흐른 뒤 그에게는 무너지지 않는 난공불락의 성(자산 시스템)이 남았고, 저에게는 마약 기운이 빠져나간 뒤의 허탈한 숙취(노후 불안)만이 남았습니다.

3. 시스템 구축의 최대 적: '기회비용'의 상실

월급쟁이의 가장 큰 비극은 월급 그 자체에 있는 것이 아니라, 월급 때문에 포기하게 되는 '시스템 구축의 기회'에 있습니다. 경제학적으로 '기회비용'은 어떤 선택으로 인해 포기한 다른 선택지의 가치입니다. 당신이 월급을 받기 위해 하루 8시간 이상을 쏟아붓는 동안, 당신은 1인 기업가로서 자립할 수 있는 시스템을 만들 시간을 포기하고 있습니다.

더욱 무서운 것은 월급이 올라갈수록 이 기회비용이 커진다는 점입니다. 연봉이 5,000만 원일 때보다 1억 원일 때 퇴사가 더 힘든 이유는, 포기해야 할 마약의 양이 많아졌기 때문입니다. 이를 **'황금 수갑'** 현상이라고 합니다. 수갑이 금으로 만들어졌다고 해서 구속이라는 본질이 변하지는 않습니다. 오히려 더 무겁고 화려해서 벗어날 엄두조차 내지 못하게 만들 뿐입니다.

자본주의 시장에서 '나라는 기업'을 상장하기 위해서는 이 황금 수갑을 끊어낼 만큼의 강력한 '자본 소득 시스템'이 필요합니다. 월급이라는 독을 해독할 수 있는 유일한 해독제는, 내가 일하지 않아도 월급만큼의 현금이 들어오는 자동화된 투자 포트폴리오입니다.

4. 제이안의 통찰: 월급을 '해독'하여 시스템의 '연료'로 쓰는 법

그렇다면 당장 사표를 던지고 마약을 끊어야 할까요? 아니요, 그것은 자살행위입니다. 기업 경영에서도 기존 사업부의 매출(월급)이 나오는 동안 신사업(1인 기업 시스템)을 인큐베이팅하는 것이 정석입니다. 핵심은 월급의 성격을 재정의하는 것입니다. 오늘부터 월급을 '생활비'가 아닌 '투자 원금'으로 부르십시오.

- **강제 리밸런싱 시스템 가동:** 제가 강조하는 **4월 21일과 10월 21일**은 단순히 주식을 사고파는 날이 아닙니다. 월급이라는 마약에 취해 흐트러진 당신의 정신을 차리고, 자산의 비중을 조절하며 '나의 재무 시스템'이 잘 돌아가고 있는지 확인하는 주주총회의 날입니다.

- **월급의 30% 격리 수용:** 월급이 들어오자마자 최소 30%는 다른 계좌로 빼돌리십시오. 이 돈은 당신의 것이 아니라 당신이 미래에 세울 '나 주식회사'의 자본금입니다. 이 돈으로 S&P 500, 나스닥 등 전 세계 지수 추종 ETF를 사 모으십시오.

- **노동 소득의 유통기한 인식:** 월급은 영원하지 않습니다. 회사는 당신의 에너지가 고갈되는 순간 가차 없이 '손절'할 것입니다. 그날이 오기 전에 자본 소득의 속도를 높여야 합니다.

- 월급을 연료 삼아 자본 소득의 엔진을 먼저 돌릴 수 있습니다. 월급에 취해 잠들지 마십시오. 월급을 디딤돌 삼아 시스템 위로 올라서야 합니다.

월급 중독에서 벗어나기 위한 '마인드 해독' 3원칙

월급이라는 안락함이 당신의 미래를 갉아먹지 않도록, 제이안이 제안하는 멘탈 관리법입니다.

1. 월급을 '빌려온 현금'이라 생각하라
지금 당신의 수입은 당신의 능력이 아니라, 당신의 젊음과 시간을 담보로 회사에서 빌려온 것입니다. 언젠가는 갚아야(퇴사) 할 돈입니다. 빌린 돈으로 파티를 여는 바보는 없습니다. 빌린 돈은 반드시 자산을 증식시키는 데 써서, 나중에 원금을 갚고도 수익이 남게 만들어야 합니다.

2. 1년에 두 번, '시스템 **점검일**'을 신성시하라
4월 21일과 10월 21일. 이 날짜를 당신 인생의 성탄절보다 더 중요하게 여기십시오. 제가 강조했듯, 이날은 시장의 소음(Noise)을 차단하고 오직 데이터(Fact)에 기반해 당신의 포트폴리오를 리밸런싱하는 날입니다. 월급쟁이의 마인드에서 투자자의 마인드로 강제 전환하는 의식입니다.

3. 지출은 '감가상각'되는 곳이 아닌 '가치가 쌓이는' 곳에 하라
명품 가방, 신형 자동차는 사는 순간부터 감가상각이 시작됩니다. 반면 당신의 몸값을 높이는 교육, 나를 알리는 콘텐츠 제작, 그리고 우량 주식은 시간이 지날수록 가치가 증폭됩니다. 월급의 용도를 '소비'에서 '축적'으로 바꾸는 순간, 당신은 이미 1인 기업가입니다.

[Action Plan] 월급의 연료 전환율(Conversion Rate) 계산기

당신은 월급을 얼마나 효율적으로 시스템 구축에 사용하고 있습니까? 아래 표를 작성해 보십시오.

항목	이번 달 금액 (원)	비율(%)	평가
총 월급 (매출)		100%	-
필수 생활비 (고정비)			낮을수록 우량
품위 유지비 (소비)			위험 요소
R&D 투자 (교육/브랜딩)			높을수록 성장주
시스템 투자 (주식/채권)			필수 생존주

전환율(R&D+시스템 투자 / 총 월급) 분석:

50% 이상: 초고속 성장 기업. 상장(IPO) 임박.

30-**49**%: 견실한 우량 기업. 안정적인 상장 준비 중.

10-**29**%: 평범한 비상장사. 자본 잠식의 위험이 있음.

10% 미만: 심각한 중독 상태. 상장 폐지 가능성 매우 높음.

제이안의 한마디

월급은 달콤하지만, 그 달콤함 끝에는 쓴맛의 은퇴가 기다리고 있습니다. 마약의 양을 늘려달라고 회사에 구걸하지 마십시오. 대신 그 마약을 시스템의 원료로 바꿔 당신만의 왕국을 건설하십시오.

05.

[현금흐름 ②]

단일 매출 구조의 비극:
회사가 당신을 손절하기 전에 해야 할 일

1. 비즈니스 모델의 치명적 결함: '거래처 100% 의존도'

　주식 시장에서 기업을 분석할 때, 투자자들이 가장 기피하는 종목 중 하나가 '특정 매출처 의존도가 지나치게 높은 기업'입니다. 예를 들어, 어떤 중소기업의 매출 95%가 삼성전자 한 곳에서 나온다면, 그 기업의 주가는 낮게 평가받을 수밖에 없습니다. 삼성전자가 단가를 인하하거나 거래를 중단하는 순간, 그 기업은 곧장 도산 위기에 처하기 때문입니다.

　아이러니하게도, 대한민국 대다수의 직장인은 이 '위험한 비즈니스 모델'을 온몸으로 실천하고 있습니다. 당신이라는 기업의 유일한 고객은 현재 당신이 다니고 있는 회사 단 한 곳뿐입니다. 회사가 당신의 가치를 낮게 평가해 임금을 동결해도, 혹은 경영상의 이유로 당신과의 계약을 종료(권고사직)해도 당신은 속수무책입니다.

　이것이 바로 '단일 매출 구조의 비극'입니다. 당신은 스스로를 안정적인 직장인이라 믿고 싶겠지만, 자본 시장의 잣대로 보면 당신은 언제든 휴지 조각이 될 수 있는 '리스크가 극도로 높은 파생상품'에 가깝습니다. 회사가 당신을 '손절(Cut-loss)'하기 전에, 당신이 먼저 매출 구조를 다변화해야

39

하는 이유가 바로 여기에 있습니다.

2. 기업은 왜 냉혹하게 당신을 손절하는가?

기업은 자본의 논리에 따라 움직이는 생물입니다. 기업이 당신에게 매달 월급을 지불하는 행위는 일종의 '투자'입니다. 당신이라는 자산을 활용해 그 이상의 이익을 얻으려고 하는 것이죠. 하지만 시간이 흐르면서 당신의 유지 비용(연봉)은 올라가고, 당신이 창출하는 성과(ROI)가 정체되거나 하락하면 기업은 투자자의 관점에서 판단을 내립니다. "이 종목은 이제 먹을 게 없다. 더 큰 손실이 나기 전에 정리하자." 이것이 구조조정의 본질입니다. 기업은 당신의 성실함이나 과거의 공헌도를 고려하지 않습니다. 오직 '미래 수익 가치'를 봅니다. 산업의 패러다임이 바뀌거나 AI 기술이 당신의 업무를 대체하기 시작하면, 기업은 가장 효율적인 방식으로 당신을 포트폴리오에서 제외합니다.

무서운 점은 대다수 직장인이 회사가 자신을 손절하려 한다는 신호를 너무 늦게 감지한다는 것입니다. 핵심 프로젝트에서 배제되거나, 신규 인력 충원 소식이 들리지 않거나, 단순 관리 업무만 늘어난다면 그것은 시장에서 '관리종목'으로 지정된 것과 같습니다. 상장 폐지(퇴사) 공시가 뜨고 나서야 대책을 세우면 이미 늦습니다.

3. 매출 구조 다변화 전략: '두 번째 엔진'을 장착하라

회사가 당신을 버리기 전에 당신이 해야 할 일은 명확합니다. 매출 구조를 쪼개는 것입니다. 이를 위해 저는 크게 두 가지 방향의 '엔진'을 제안합니다.

첫째, 커리어의 제품화(Business Side)

회사 안에서의 성과를 회사의 전유물로 두지 마십시오. 당신의 지식과 경험을 '모듈화'하여 다른 시장에서도 팔릴 수 있는 제품으로 만들어야 합니다. 전문 컨설팅, 전자책 발간, 유료 강의, 혹은 특정 문제를 해결해 주는 솔루션 제공 등 당신의 노동력을 1:1로 파는 것이 아니라, 당신의 전문성을 '복제 가능한 자산'으로 변환하십시오. 이것이 1인 기업가로 가는 진정한 비즈니스 다변화입니다.

둘째, 자산의 시스템화(Finance Side)

제가 오랫동안 강조해 온 원칙이 있습니다. 직장 생활을 하는 동안 발생하는 현금 흐름의 일부를 떼어내어, 당신의 노동력과는 별개로 스스로 증식하는 '자본 엔진'을 구축해야 합니다.

회사가 당신을 손절하더라도 당신이라는 기업이 부도나지 않으려면, 당신의 재무제표에는 S&P 500, 나스닥과 같은 글로벌 우량주 ETF자산과 채권, 금 등으로 구성된 견고한 포트폴리오가 있어야 합니다. 그리고 기계적으로 실행하는 리밸런싱 시스템은 당신의 감정을 배제하고 자산을 지켜주는 강력한 방어 기제가 됩니다. 이 재무 시스템이 월급이라는 단일 매출의 공백을 메워줄 때, 당신은 비로소 회사와의 관계에서 '갑'의 위치에 설 수 있습니다.

4. 제이안의 통찰: '상장 폐지'를 '독립 상장'으로 바꾸는 기술

많은 이들이 퇴사를 '끝'이라고 생각하며 두려워합니다. 하지만 준비된 자에게 퇴사는 상장 폐지가 아니라, 거대 그룹사에서 분사하여 더 큰 시장으로 나가는 '스핀오프(Spin-off)'이자 '신규 상장(IPO)'의 기회입니다.

성공적인 스핀오프를 위해서는 모기업(현재 직장)에 있을 때 모든 인프라를 활용해 당신의 가치를 극대화해야 합니다. 회사의 예산으로 새로운 기술을 배우고, 회사의 인맥을 당신의 잠재 고객으로 전환하며, 회사가 주는 안정적인 월급을 당신의 시스템 투자금으로 전용하십시오.

회사가 당신을 손절하는 시점은 회사가 정하는 것이 아닙니다. 당신의 자본 소득 시스템과 1인 기업가로서의 비즈니스 모델이 결합하여 "더 이상 회사가 주는 월급이 내 성장을 가로막는 장애물이 되었다"고 판단되는 순간, 바로 그날이 당신이 스스로를 시장에 상장시키는 날입니다.

노동의 가치는 시간이 흐를수록 마모되지만, 당신이 구축한 지식 시스템과 자본 시스템은 시간이 흐를수록 복리로 자라납니다. 단일 매출이라는 외줄 타기를 끝내고, 다중 매출이라는 탄탄한 그물을 짜십시오. 그것만이 자본주의라는 거친 바다에서 '나라는 기업'을 영속시키는 유일한 길입니다.

단일 매출 탈피를 위한 '사업부 다각화' 가이드

직장이라는 단일 매출처에서 벗어나 독립적인 1인 기업가로 거듭나기 위한 제이안의 실전 전략입니다.

1. 내 업무를 '시장 통용 서비스'로 재정의하라
지금 당신이 하는 일이 'A사 총무팀 과장'의 업무라면 시장 가치는 낮습니다. 하지만 '스타트업의 고정비 20%를 절감해 주는 비용 최적화 솔루션'이라면 이야기가 달라집니다. 당신의 직무를 회사 안에서만 쓰이는 단어가 아닌, 시장의 가려운 곳을 긁어주는 서비스명으로 바꿔보십시오.

2. '자산 재배치 시스템'을 사내 규정처럼 준수하라
기업이 매 분기 실적을 발표하고 회계 감사를 받듯, 당신도 당신의 자산을 정기적으로 **점**검해야 합니다. 제가 권장하는 **4**월 21일과 10월 21일 리밸런싱은 당신 기업의 '정기 주주총회'입니다. 이날은 주가의 출렁임에 일희일비하지 않고, 사전에 정한 원칙(예: 주식 60, 채권 **4**0)에 따라 기계적으로 자산을 재배치하십시오. 시스템이 당신의 노후를 책임진다는 믿음이 있어야 1인 기업가로서의 과감한 도전도 가능해집니다.

3. '잠재 고객 명부'를 비공식적으로 관리하라
지금 회사 업무로 만나는 사람들은 회사의 자산이기도 하지만, 당신의 자산이 될 수도 있습니다. 당신의 실력에 감동해 "나중에 **독립**하시면 꼭 연락 주세요"라고 말하는 사람이 몇 명이나 됩니까? 명함첩을 뒤져 당신이 회사 간판을 떼고도 만날 수 있는 '진짜 인맥'을 분류해 보십시오. 그 숫자가 바로 당신 기업의 '예약 매출'입니다.

당신의 매출 구조가 얼마나 위험한지, 혹은 얼마나 준비되었는지 아래 항목을 통해 **점**검해 보십시오.

분석 항목	체크 리스트	현황 및 점수
매출처 분산	현재 월급 외에 단돈 1만 원이라도 스스로 벌어본 경험이 있는가?	/ 10
금융 시스템	리밸런싱 원칙에 따라 운영되는 자동 투자 계좌가 있는가?	/ 10
제품 경쟁력	회사의 시스템 지원 없이 혼자서 완성된 결과물을 만들어낼 수 있는가?	/ 10
시장 인지도	관련 업계에서 내 이름을 들으면 떠올리는 키워드가 1개이상 있는가?	/ 10
재무 안전판	수입이 6개월간 끊겨도 생활과 투자를 유지할 비상금이 있는가?	/ 10

합계 **40점** 이상: 훌륭한 다변화 전략을 가진 성장주입니다. 상장이 머지않았습니다.

25~39점: 과도기적 단계입니다. 금융 시스템은 갖췄으나 비즈니스 모델 보강이 필요합니다.

25점 미만: 위험한 단일 종목입니다. 회사가 당신을 손절하기 전에 지금 당장 시스템 구축에 착수하십시오.

제이안의 한마디

회사는 당신의 인생을 경영해 주지 않습니다. 회사는 오직 자신의 이익을 경영할 뿐입니다. 이제 당신이 당신 인생의 CEO가 되어 매출처를 다변화하고, 자산 시스템을 구축하십시오.

가짜 현금 흐름과 진짜 현금 흐름을 구분하라

1. 당신의 통장에 찍히는 숫자는 '수익'인가 '부채'인가

기업 회계에는 '발생주의'와 '현금주의'라는 개념이 있습니다. 장부상으로는 이익이 났어도 실제 금고에 현금이 없으면 기업은 무너집니다. 이를 '흑자 도산'이라고 하죠. 직장인의 삶도 이와 다르지 않습니다. 매달 통장에 찍히는 월급은 분명 현금의 유입이지만, 기업 경영의 관점에서 보면 이것은 완전한 의미의 '수익'이라 보기 어렵습니다. 왜냐하면 그 돈은 당신의 가장 소중한 자산인 '시간'과 '건강'을 담보로 빌려온 '단기 부채'의 성격이 강하기 때문입니다.

진짜 현금 흐름과 가짜 현금 흐름을 가르는 기준은 명확합니다. "내가 움직이지 않아도 이 돈이 들어오는가?"입니다. 당신이 사무실 책상에 앉아 모니터를 응시하고, 회의실에서 열띤 논쟁을 벌여야만 발생하는 돈은 '가짜 현금 흐름'입니다. 그것은 당신의 노동력을 실시간으로 현금과 맞바꾸는 '등가 교환'에 불과합니다. 반면, 당신이 잠든 사이에도, 혹은 가족과 여행을 즐기는 중에도 시스템에 의해 창출되는 소득이 '진짜 현금 흐름'입니다. 1인 기업가로 상장하기 위한 핵심 과제는 이 가짜 현금 흐름의 비중을 줄이고 진짜 현금 흐름의 파이프라인을 설계하는 것입니다.

2. 현금 흐름의 유통기한: '확장성'이 없는 소득의 비극

가짜 현금 흐름의 가장 큰 문제는 '확장성(Scalability)'이 전혀 없다는 점입니다. 직장인의 노동 소득은 하루 24시간이라는 물리적 한계에 갇혀 있습니다. 당신이 아무리 유능해도 몸은 하나뿐이며, 물리적인 시간을 투입하지 않고서는 매출을 일으킬 수 없습니다. 주식 시장에서 이런 기업은 '성장주'가 될 수 없습니다. 인건비 비중이 90%가 넘고 설비 투자(R&D)가 없는 서비스 기업에 투자할 투자자는 아무도 없기 때문입니다. 반면 진짜 현금 흐름은 '레버리지'를 활용합니다.

- **지식의 레버리지:** 한 번 만들어 놓은 콘텐츠, 전자책, 온라인 강의, 자동화된 솔루션은 당신이 자고 있는 동안에도 전 세계 고객에게 가치를 전달하고 매출을 발생시킵니다.
- **자본의 레버리지:** 노동 소득의 일부를 떼어 구축한 글로벌 자산 포트폴리오는 전 세계 우량 기업들의 성장에 올라타 배당과 시세 차익이라는 열매를 맺습니다.

우리가 추구해야 할 비즈니스 모델은 '노 젓기'가 아니라 '돛 올리기'여야 합니다. 노를 젓는 힘(노동 소득)은 언젠가 바닥나기 마련이지만, 바람(시스템과 자본)은 당신의 의지와 상관없이 배를 앞으로 나아가게 합니다. 진짜 현금 흐름이 확보되지 않은 채 독립하는 것은 구명보트도 없이 바다 한가운데로 뛰어드는 것과 같습니다.

3. 나 주식회사의 '잉여현금흐름(Free Cash Flow)'을 확보하라

기업의 실력을 평가하는 가장 중요한 지표 중 하나가 잉여현금흐름(FCF)입니다. 영업활동으로 번 돈에서 설비 투자 등 나갈 돈을 다 빼고 순수하게 남는 현금을 말합니다. 기업은 이 돈으로 배당도 주고, 다른 회사를 인수(M&A)하기도 하며 미래를 도모합니다.

직장인에게 잉여현금흐름이란 무엇일까요? 월급에서 생활비를 뺀 돈이 아닙니다. **월급(가짜 현금 흐름) 중 '진짜 현금 흐름(시스템 자산)'을 구축하는 데 투입되고도 남는 여유**입니다. 많은 직장인이 월급이 오르면 소비 수준부터 높입니다. 이는 기업이 매출이 좀 늘었다고 곧바로 성과급 파티를 열고 R&D 예산을 삭감하는 것과 같은 어리석은 짓입니다.

제이안이 제안하는 재무 전략의 핵심은 '현금 흐름의 질적 전환'입니다.

- **노동 소득의 자본화:** 들어오는 월급의 일정 비율을 '나 주식회사의 내부 유보금'으로 간주하고 기계적으로 자산 시스템에 편입시키십시오.
- **소비의 자산화:** 단순히 사라지는 지출을 줄이고, 내 몸값을 올리거나 지식 자산을 만드는 데 지출하십시오. 이것은 비용이 아니라 미래의 진짜 현금 흐름을 만들기 위한 '자본 지출(CAPEX)'입니다.

4. 제이안의 통찰: 시스템은 당신의 감정을 믿지 않는다

진짜 현금 흐름을 만드는 과정에서 가장 큰 방해꾼은 역설적으로 당신의 '감정'입니다. 주가가 폭등하면 더 사고 싶고, 폭락하면 공포에 질려 팔고 싶은 본능은 시스템 구축을 방해합니다. 기업 경영에서 CEO의 일시적인 감정에 따라 회계 장부를 수정하지 않듯, 당신의 재무 시스템도 철저히 규칙에 의해 돌아가야 합니다.

제가 강조하는 정기적인 자산 재배치(Rebalancing)는 단순히 수익률을 높이기 위한 기술이 아닙니다. 가짜 현금 흐름(노동 소득)이 꾸준히 들어오는 동안, 그 에너지를 진짜 현금 흐름(자산 시스템)으로 '안전하게 전이'시키기 위한 경영 원칙입니다. 시장의 소음(Noise)에 휘둘리지 않고 정해진 주기마다 자산의 비중을 조절하는 행위는, 1인 기업가로서 당신이 가질 수 있는 가장 강력한 '재무적 해자'가 될 것입니다.

노동 소득이 발생하는 동안 구축한 자본 소득 시스템은 당신이 은퇴하거나 독립한 이후의 삶을 완벽하게 지탱해 줍니다. 가짜 현금 흐름에 안주하지 마십시오. 그 돈은 당신을 잠시 안심시키지만, 진짜 현금 흐름은 당신을 영원히 자유롭게 합니다.

'진짜 현금 흐름' 구축을 위한 재무 건전성 감사

당신이라는 기업이 현재 건전한 현금 흐름을 가지고 있는지 판단하기 위해 제이안이 제시하는 3대 체크 포인트입니다.

1. 소득의 '비동조화' 지수 확인

당신의 소득 중 당신의 육체적 노동과 상관없이 발생하는 소득의 비중이 몇 %입니까?

0~5%: 심각한 노동 집약형 기업. 오늘 당장 사고가 나면 매출이 0이 됩니다.

10~20%: 과도기적 단계. 시스템의 씨앗이 발아하기 시작했습니다.

30% 이상: 상장 우량주 수준. 이제 독립을 진지하게 고려해도 좋습니다.

2. '정기 시스템 **점검**'의 내재화

당신은 자신의 자산을 시장의 상황과 상관없이 정해진 주기(예: 반기 혹은 분기)마다 기계적으로 **점**검하고 있습니까? 감정이 아닌 숫자에 기반해 자산을 재배분하는 **프**로세스가 당신의 일상에 녹아있어야 합니다. 이것은 1인 기업 CEO로서 당신이 수행해야 할 가장 중요한 '재무 보고서 승인' 업무입니다.

3. 지식 자산의 '복제 가능성' 테스트

당신이 오늘 업무를 통해 얻은 인사이트를 문서나 시스템으로 만들어 두었습니까? 만약 당신이 내일 출근하지 못해도 다른 사람이 그 문서를 보고 업무를 완수할 수 있다면, 당신은 '지식 자산'을 만든 것입니다. 이 지식 자산들이 쌓여 나중에 당신의 노동력을 대신할 '콘텐츠 수익'이라는 진짜 현금 흐름으로 변모합니다.

[Action Plan] **나 주식회사 현금 흐름 질적 전환표**

아래 표를 작성하며 당신의 소득 구조를 '진짜'로 바꾸기 위한 계획을 세워보십시오.

현금 흐름 유형	현재 항목 및 금액	1년 뒤 목표	전환 전략
활동 소득(가짜)	예: 직장 월급 (500만 원)	550만원 (연봉인상)	전문성 강화를 통한 몸값 상승
시스템 소득(진짜)	예: 배당금 (월5만 원)	월 20만원	월급의 30%를 글로벌 ETF에 적립
지식 소득(진짜)	없음	월 30만원 (전자책/강의)	업무 노하우의 매뉴얼화 및 플랫폼 상장
전환율(진짜 / 총소득)	약 1%	목표 10% 이상	시간과 자본의 투입 비중 조절

제이안의 한마디

가짜 현금 흐름이 풍부할 때가 진짜 현금 흐름을 구축할 최적의 타이밍입니다. 금고에 돈이 마르기 시작하면 시스템을 만들 여유조차 사라집니다. 지금 당장 당신의 재무제표를 진짜 소득으로 채우기 시작하십시오.

나이 마흔, 당신의 노동 가치는 매일 감가상각되고 있다

1. 당신이라는 '설비'의 유통기한을 직시하라

회계 장부에서 건물, 기계, 비품 같은 유형 자산은 시간이 흐름에 따라 그 가치가 줄어드는 것으로 간주합니다. 이를 '감가상각'이라고 합니다. 새로 산 최첨단 기계도 몇 년이 지나면 낡고, 수리비는 비싸지며, 생산성은 떨어집니다. 결국 장부상 가치가 '0'이 되는 날, 그 기계는 폐기되거나 새로운 장비로 교체됩니다.

냉정하게 말해, 직장인으로서 당신의 육체와 정신 또한 회사 입장에선 하나의 '생산 설비'입니다. 그리고 마흔이라는 나이는 이 설비의 '경제적 가동 연한'이 절정에 달했다가 서서히 꺾이기 시작하는 변곡점입니다. 20대의 열정과 30대의 체력으로 무장했던 당신이라는 자산은, 이제 서서히 감가상각의 속도가 가속화되는 구간에 진입했습니다.

마흔이 넘으면 연봉(유지비)은 최고조에 달하지만, 새로운 기술을 습득하는 속도나 밤샘 업무를 견디는 체력(생산 효율)은 예전만 못합니다. 기업이라는 투자자의 눈에 당신은 이제 '가성비가 떨어지는 노후 장비'로 보이기 시작합니다. 이것이 우리가 마흔에 느끼는 막연한 불안감의 실체입니다. 당신의 노동 가치는 매일 조금씩, 그러나 확실하게 감가상각되고 있습니다.

2. 기술적 노후화: AI와 패러다임 시프트가 당기는 조기 상장 폐지

유형 자산의 감가상각에는 물리적 마모뿐만 아니라 '기능적 노후화'도 포함됩니다. 아무리 깨끗하게 쓴 타자기라도 컴퓨터가 등장하는 순간 고철이 되는 것과 같습니다. 현재 우리는 인공지능(AI)과 디지털 전환이라는 거대한 패러다임의 변화 속에 있습니다. 어제까지 당신을 유능하게 만들었던 그 노하우가 내일은 AI가 단 몇 초 만에 처리하는 무료 서비스가 될 수도 있습니다.

특히 관리직이나 중간 관리자로 접어든 마흔의 직장인들은 가장 위험한 구간에 서 있습니다. 실무 능력은 녹슬어가고 관리 역량은 시스템에 의해 대체되기 쉽기 때문입니다. 기술의 유통기한이 짧아질수록 당신이라는 자산의 감가상각 속도는 더욱 가팔라집니다. 준비 없이 마흔을 맞이한 직장인에게 '정년'은 회사가 보장해주는 기간이 아니라, 당신의 자산 가치가 시장 가격(연봉) 밑으로 떨어지는 그날 결정됩니다. 시장은 가치가 없는 자산을 보유하지 않습니다. 상장 폐지(퇴직) 통보가 오기 전에, 당신의 자산 구조를 근본적으로 개편해야 합니다.

3. 잔존 가치를 어떻게 수익 자산으로 치환할 것인가

감가상각이 완료되어가는 기계를 가진 기업이 살아남는 방법은 두 가지입니다. 하나는 그 기계가 완전히 멈추기 전에 새로운 신사업(R&D)에 투자하는 것이고, 다른 하나는 기계가 생산한 이익을 자본화하여 '금융 자산'으로 돌려놓는 것입니다. 당신이라는 기업의 경영도 마찬가지여야 합니다.

첫째, '노동의 지식 자산화'입니다. 단순 노동력은 감가상각되지만, 그 과정에서 쌓인 통찰과 프로세스는 '지식 재산권(IP)'이라는 무형 자산으로 남습니다. 1인 기업가로 성공한 이들은 자신의 몸이 낡아가는 것을 한탄하는 대신, 자신의 경험을 책, 강의, 컨설팅 프로그램 등 복제 가능한 시스템으로 변환합니다. 무형 자산은 감가상각되지 않습니다. 오히려 시간이 흐를수록 권위가 쌓이며 가치가 증폭됩니다.

둘째, '자본 소득 시스템으로의 전이'입니다. 노동의 가치가 가장 높을 때 발생한 잉여 현금을 어떻게 관리했느냐가 마흔 이후의 삶을 결정합니다. 노동 소득의 속도는 자본 소득의 속도를 이길 수 없다는 진리를 다시 한번 되새겨야 합니다. 몸으로 버는 돈이 줄어드는 만큼, 돈이 벌어다 주는 돈의 비중을 높여야 합니다. 이것은 단순히 노후 준비가 아닙니다. 당신이라는 설비가 가동을 멈추더라도 '나 주식회사'의 배당금과 수익은 멈추지 않게 만드는 재무적 엔진 교체 작업입니다.

4. 제이안의 통찰: 감가상각비를 미래 성장 동력으로 전용하라

회계상 감가상각비는 실제로 돈이 나가는 비용이 아니라, 나중에 설비를 교체하기 위해 장부상으로 미리 떼어놓는 돈입니다. 당신도 그래야 합니다. 마흔 이후의 연봉 중 일정 부분은 당신의 생활비가 아니라, '인생 2막을 위한 재투자 적립금'으로 간주해야 합니다.

저는 1인 기업가로 상장하기 위한 가장 안전한 로드맵으로 '하이브리드 경영'을 제안합니다. 직장인이라는 지위를 유지하며 감가상각되는 노동력

을 최대한 현금화하는 동시에, 그 현금의 상당 부분을 시스템 투자에 투입
하십시오. 제가 제안하는 정기적인 자산 재배치 원칙은 당신의 감정을 배
제하고 자산을 글로벌 우량 기업들의 성장판에 연결해 줍니다.

또한, 남는 시간에는 당신만의 브랜딩을 시작하십시오. 마흔은 당신의
경험이 무르익어 상품성이 가장 높은 시기이기도 합니다. 노동이 마모되는
속도보다 지식과 자본이 쌓이는 속도가 빨라지는 지점, 그 '골든 크로스'가
일어날 때 당신은 비로소 감가상각의 위협에서 벗어나 영원히 늙지 않는
기업으로 거듭날 수 있습니다. 나이 마흔은 끝이 아니라, 당신의 기업을 진
짜 우량주로 리밸런싱할 수 있는 마지막 기회의 시간입니다.

나의 '노동 감가상각' 속도 측정법

당신이라는 설비가 얼마나 빠르게 낡아가고 있는지, 혹은 가치를 보존하고 있는지 제이안의 기준표로 확인해 보십시오.

1. 신규 기술 도입률 (Update Rate)

지난 1년간 당신의 직무와 관련하여 새롭게 배운 기술이나 툴이 있습니까? 만약 없다면 당신의 자산은 물리적 노화 외에 기능적 노화까지 겹친 상태입니다. 매달 수입의 10%를 자신의 'R&D 비용'으로 책정하지 않는다면 당신의 미래 가치는 매일 하락 중입니다.

2. 관리자 비중 vs 실무자 야성

당신이 하는 업무 중 '회의'와 '보고'가 차지하는 비중이 70%를 넘습니까? 관리직 역량은 회사 내부용인 경우가 많아 **독립** 시 가치가 급락합니다. 회사 간판을 떼고도 혼자서 기획부터 실행까지 마칠 수 있는 '야성'이 남아 있는지 **점**검하십시오. 그것이 당신의 잔존 가치(Residual Value)입니다.

3. 자산 시스템의 가동률

당신이 잠든 사이, 당신의 자산 포트폴리오는 전 세계의 우량 기업들과 함께 숨 쉬며 성장하고 있습니까? 정해진 원칙에 따라 자산을 재배치하고 배당을 재투자하는 시스템이 없다면, 당신은 오직 자신의 육체가 닳아 없어지는 것에만 의존해 생존하는 위태로운 경영자입니다.

[*Action Plan*] 나 주식회사 자산 구조 개편안

당신의 노동 가치가 '0'이 되기 전에 실행해야 할 3개년 로드맵을 작성해 보십시오.

구분	현재 상태 (노동의존형)	3년 뒤 목표 (시스템 의존형)	핵심 실행 과제
수익구조	월급 100%	월급 60% + 시스템/지식 소득40%	월급 30% 강제 투자 및 콘텐츠 발행
핵심자산	노동력/시간	퍼스널 브랜딩/ 금융 자산	주 1회 전문 칼럼 기고 및 리밸런싱 준수
위험관리	퇴직 시 수입단절	퇴직이 상장(IPO)의 기회	잠재 고객 커뮤니티 500명 확보

실행 팁: 마흔의 R&D는 넓게 배우는 것이 아니라 깊게 파는 것입니다. 당신의 10년, 20년 경험 중 세상이 돈을 지불할 만한 '단 하나의 모듈'을 찾아내어 그것을 시스템화하는 데 집중하십시오.

제이안의 한마디

나이가 드는 것은 자연의 섭리지만, 가치가 떨어지는 것은 경영의 실패입니다. 당신의 육체는 감가상각되게 두되, 당신의 지식과 자본은 복리로 증식되게 만드십시오.

08.

[감가상각 ②]

기술의 유통기한:
AI 시대에 상장 폐지되지 않는 법

1. 지식의 가속 상각: 당신의 노하우는 안녕하십니까?

주식 시장에서 가장 무서운 단어 중 하나는 '기술적 진부화'입니다. 한때 시장을 호령하던 필름 카메라 기업이나 피처폰 강자들이 스마트폰이라는 파괴적 기술 앞에 속절없이 상장 폐지되었던 역사를 우리는 기억합니다. 지금 직장인들이 마주한 AI(인공지능)는 단순한 도구의 등장을 넘어, 인간의 지적 노동 가치를 근본적으로 재평가하게 만드는 '거대한 패러다임의 전환'입니다.

과거에는 특정 분야에서 10년, 20년 쌓은 노하우가 곧 '진입 장벽'이었습니다. 하지만 이제 AI는 그 20년의 숙련도를 단 몇 초의 프롬프트로 구현해냅니다. 보고서를 요약하고, 코딩을 하고, 외국어를 번역하며, 심지어 복잡한 데이터 분석까지 수행합니다. 만약 당신이 회사에서 수행하는 핵심 업무가 '정해진 규칙에 따라 정보를 가공하는 일'에 머물러 있다면, 당신이라는 종목의 기술적 유통기한은 이미 임계점에 도달한 것입니다. 시장은 더 이상 비싼 비용(연봉)을 지불하며 느린 수작업을 구매하려 하지 않습니다. 이것이 바로 AI 시대의 '강제 상장 폐지' 리스크입니다.

57

2. 회사를 인큐베이터로 활용하라: 'N개의 직업'을 위한 베타 테스트

많은 직장인이 퇴직 후에나 새로운 일을 찾겠다고 말합니다. 하지만 그것은 가장 위험한 경영 전략입니다. 아무런 수익원 없이 야생으로 나가는 것은 자본 잠식 상태에서 신규 상장을 시도하는 것과 같습니다. 진정한 상장 전략은 회사를 다니는 동안, **회사의 자원과 시간을 활용해 당신만의 'N개 사업부'를 구축하는 것입니다.**

회사는 당신의 감옥이 아니라, 당신의 독립을 지원하는 가장 강력한 인큐베이터가 되어야 합니다. 매달 들어오는 안정적인 현금 흐름을 발판 삼아, 퇴근 후와 주말을 당신의 '신사업본부' 가동 시간으로 전환하십시오. 1인 기업가로 홀로 서기 위해서는 단순히 하나의 기술에 매몰되는 것이 아니라, 수익 구조를 다변화한 '포트폴리오형 인간'이 되어야 합니다.

3. 상장 폐지를 막는 4대 핵심 모듈: AI, 유튜브, 투자, 취미의 직업화

이제 당신이라는 기업은 단일 제품(직장 업무) 생산 체제에서 벗어나, 다음과 같은 4가지 핵심 모듈을 장착해야 합니다.

첫째, AI를 부려먹는 '지휘관' 모듈입니다.

AI와 경쟁하지 마십시오. 대신 AI를 당신의 '무료 비서'이자 '24시간 일하는 직원'으로 고용하십시오. AI 툴을 활용해 업무 생산성을 5배, 10배 높이는 법을 익히는 것은 이제 선택이 아닌 필수입니다. 1인 기업가가 수십 명의 직원을 둔 기업만큼의 성과를 낼 수 있는 비결은 바로 AI라는 레버리지를 얼마나 잘 활용하느냐에 달려 있습니다.

둘째, 세상과 연결되는 '미디어' 모듈입니다.

유튜브나 SNS는 단순히 취미 생활이 아닙니다. 1인 기업가에게 이는 '시장에 내놓는 공시 채널'이자 '영업 본부'입니다. 당신의 지식과 경험을 영상이나 글이라는 콘텐츠로 자산화하십시오. 구독자는 당신 기업의 잠재 주주이며, 조회수는 당신의 시장 영향력을 나타내는 지표입니다. 회사를 다니는 동안 당신의 목소리에 귀를 기울이는 '팬덤'을 확보하는 것만큼 확실한 상장 준비는 없습니다.

셋째, 흔들리지 않는 '재무 시스템' 모듈입니다.

자본 소득 시스템은 1인 기업가가 가질 수 있는 가장 든든한 '재무팀'입니다. 노동 소득의 일부를 기계적으로 떼어 글로벌 우량주와 자산 배분 포트폴리오에 투입하십시오. 제가 강조하는 정기적인 리밸런싱 원칙은 시장의 변동성으로부터 당신의 독립 자금을 지켜주는 최소한의 방어 기제입니다. 이 시스템이 완성되어 갈수록 당신은 퇴직에 대한 공포에서 벗어나, 더 과감하게 당신의 꿈에 투자할 수 있게 됩니다.

넷째, 열정을 돈으로 바꾸는 '취미의 직업화' 모듈입니다.

당신이 보상을 받지 않아도 즐겁게 할 수 있는 일, 즉 취미가 비즈니스 모델(BM)과 만날 때 가장 강력한 시너지가 발생합니다. 커피, 운동, 요리, 정리 정돈 등 무엇이든 좋습니다. 당신의 취미를 타인의 문제를 해결해 주는 서비스로 전환하는 법을 연구하십시오. 즐거움이 수익이 되는 순간, 당신의 노동은 더 이상 '고통'이 아닌 '자기실현'의 과정이 됩니다.

4. 제이안의 통찰: '플랫폼 인간'으로의 전환이 정답이다

과거의 직장인이 '하나의 직장에서 하나의 정답'을 찾는 존재였다면, 미래의 상장된 1인 기업가는 '여러 개의 수익원을 연결하는 플랫폼'이어야 합니다. AI로 효율을 극대화하고, 유튜브로 브랜딩을 하며, 취미를 사업화하고, 투자를 통해 자산을 불리는 이 모든 과정이 유기적으로 연결될 때 당신은 비로소 대체 불가능한 존재가 됩니다.

기술의 유통기한이 짧아진다는 것은 역설적으로 새로운 기회가 더 자주 찾아온다는 뜻이기도 합니다. 회사가 당신을 손절하기를 기다리지 마십시오. 당신이 먼저 회사를 당신의 성장 동력으로 '이용'하십시오. 낮에는 회사의 시스템을 배우고, 밤에는 당신만의 시스템을 구축하십시오.

단일 직업의 안정성은 복합 직업의 유연성을 당해낼 수 없습니다. AI 시대, 당신이라는 기업이 상장 폐지되지 않는 유일한 길은 끊임없이 자신을 리밸런싱하여 'N개의 엔진'을 가진 전천후 기업으로 거듭나는 것입니다.

'N잡러' 상장 준비를 위한 3대 실행 강령

직장이라는 울타리 안에서 안전하게 **독립**을 준비하기 위한 제이안의 실전 제언입니다.

1. 'AI 레버리지'를 업무에 즉시 도입하라

매일 반복되는 단순 업무를 AI에게 맡기십시오. 거기서 확보한 여유 시간을 당신의 '신사업 기획'에 투자해야 합니다. AI를 다루는 능력은 1인 기업 CEO로서 당신이 갖춰야 할 첫 번째 경영 기술입니다.

2. '콘텐츠 자산'의 씨앗을 뿌려라

거창한 유튜브 채널이 아니어도 좋습니다. 당신의 전문 분야나 취미에 대해 주 1회라도 기록을 남기십시오. 기록되지 않은 경험은 휘발되는 비용이지만, 기록된 경험은 복리로 자라나는 자산입니다. 이 자산이 쌓여 훗날 당신의 퇴직금을 대신할 강력한 파이**프**라인이 됩니다.

3. '재무 시스템'을 신성시하라

본업의 수입이 늘든 줄든, 당신이 정한 자산 배분 원칙에 따라 자본을 배분하는 행위를 멈추지 마십시오. 정기적으로 장부를 **점**검하고 비중을 조절하는 시스템은 당신이 1인 기업가로서 겪게 될 수많은 불확실성 속에서도 중심을 잡게 해주는 유일한 닻입니다.

[*Action Plan*] 나 주식회사 'N-Module' 구축 현황표

현재 당신이 가진 엔진들이 얼마나 가동되고 있는지 **점검**하고, 6개월 뒤의 목표를 설정해 보십시오.

엔진 모듈	현재 가동 수준 (1~10)	구체적인 활동 내용	6개월 뒤 목표
AI 비서		예: 챗GPT로 메일작성만 함	AI 툴 3개 이상 업무 활용
미디어 / SNS		없음	주 1회 블로그/ 유튜브 업로드
취미 / N잡		취미로만 즐기는 중	유료 서비스/전자책 런칭
재무 시스템		적금 위주의 저축	정해진 원칙에 따른 시스템 투자 실행

제이안의 한마**디**: 엔진이 하나뿐인 비행기는 위험합니다. 엔진이 네 개라면 하나가 고장 나도 목적지까지 날아갈 수 있습니다. 지금 당장 당신의 비행기에 두 번째, 세 번째 엔진을 장착하십시오.

제이안의 한마디

기술은 당신을 위협하기 위해 존재하는 것이 아니라, 당신을 자유롭게 하기 위해 존재합니다. AI를 도구로 삼고, 투자를 방패로 삼으며, 콘텐츠를 창으로 삼으십시오. 회사가 당신의 정년을 결정하게 두지 마십시오. 당신의 가치가 시장의 평가를 뛰어넘는 그날, 상장의 종소리는 당신의 집에서 울려 퍼질 것입니다.

09.

[손절매 ①]

손절매의 원칙:
가망 없는 안락함과의 이별

1. '비자발적 장기 투자자'가 된 당신에게

주식 시장에서 초보 투자자들이 가장 많이 저지르는 실수가 무엇일까요? 바로 '손절'을 못 하는 것입니다. 내가 산 가격보다 주가가 떨어졌을 때, 기업의 펀더멘털이 훼손되었음에도 불구하고 "언젠가는 오르겠지"라는 막연한 희망으로 버티는 것입니다. 그러다 결국 주가가 반 토막이 나면 "이건 자식에게 물려주겠다"며 비자발적 장기 투자자로 전락합니다.

직장인의 삶도 이와 소름 끼치도록 닮아 있습니다. 많은 이들이 현재의 직장이 자신의 성장을 멈추게 하고, 미래 가치가 없다는 것을 본능적으로 느끼면서도 선뜻 문을 나서지 못합니다. 매달 들어오는 따박따박한 월급, 익숙한 업무 환경, 그리고 무엇보다 "지금 나가면 더 위험할 거야"라는 공포가 당신을 가망 없는 곳에 붙들어 맵니다. 투자 용어로 말하자면, 당신은 지금 하락 추세가 명확한 종목에 당신의 가장 소중한 자산인 '시간'을 몰빵 투자하고 있는 셈입니다.

손절매는 단순히 손실을 인정하는 패배의 선언이 아닙니다. 더 큰 손실을 막고, 남은 자본(시간과 에너지)을 수익 가능성이 높은 우량 종목으로 옮

63

기기 위한 '공격적인 경영 판단'입니다. 가망 없는 안락함과 이별하는 것은 상장을 꿈꾸는 1인 기업 CEO가 반드시 거쳐야 할 필수 통과의례입니다.

2. '좀비 기업'이 된 **직장: 당신의 시간**을 좀먹는 덫

주식 시장에는 '좀비 기업'이라는 용어가 있습니다. 영업 이익으로 이자 비용조차 감당하지 못하면서 정부 지원금이나 채무 연장으로 간신히 연명하는 기업을 뜻합니다. 당신이 다니는 회사가, 혹은 당신이 맡은 직무가 혹시 좀비 상태는 아닙니까?

- **R&D의 부재:** 업무를 통해 새롭게 배우는 것이 없고, 5년 전의 노하우를 복사해서 붙여넣기만 반복하고 있다.
- **낮은 자본 효율성:** 투입하는 시간(노동력) 대비 얻는 보상(연봉 및 성장성)이 시장 평균보다 낮다.
- **시장 소외:** 당신의 직무가 AI나 자동화 기술에 의해 대체될 위기에 처해 있음에도 조직 차원의 대안이 없다.

이런 환경에서 안락함을 느끼는 것은 독이 든 성배를 마시는 것과 같습니다. 당장은 따뜻한 사무실과 월급이 보장되니 안전해 보이지만, 당신이라는 기업의 내재 가치는 매일 감가상각되고 있습니다. 시장에서 소외된 종목을 오래 들고 있을수록 당신이 나중에 치러야 할 기회비용은 기하급수적으로 늘어납니다. 가망 없는 곳에서의 1년은 성장하는 곳에서의 10년보다 당신의 커리어를 더 처참하게 망가뜨립니다.

3. 손절의 기준: 언제 '매도' 버튼을 누를 것인가?

그렇다면 구체적으로 언제 사표라는 이름의 매도 버튼을 눌러야 할까요? 투자자들이 사전에 '손절가'를 정해두듯, 당신도 당신만의 커리어 손절 원칙을 세워야 합니다.

첫째, 배움의 ROI(투자 수익률)가 마이너스일 때입니다.

직장은 돈을 받는 곳이기도 하지만, 나의 가치를 높이는 훈련소이기도 합니다. 만약 지난 6개월간 당신이 새롭게 익힌 기술(AI 활용법, 새로운 비즈니스 툴 등)이 하나도 없다면, 당신은 지금 당신의 미래 자산을 깎아 먹으며 연명하고 있는 것입니다. 이때가 바로 첫 번째 손절 신호입니다.

둘째, 단일 매출 구조의 리스크가 임계점에 도달했을 때입니다.

제가 앞서 강조했듯, 회사는 당신을 언제든 손절할 수 있습니다. 회사가 당신을 손절하기 전에, 당신이 먼저 '독립적인 매출 엔진'을 가동해야 합니다. 만약 현재의 업무 강도가 너무 높아 유튜브 채널 운영, 취미의 직업화, 혹은 시스템 투자 공부를 위한 최소한의 시간조차 허락하지 않는다면, 그 안락함은 당신의 목을 죄는 밧줄입니다.

셋째, 가치관의 미스매치(Mismatch)가 일어날 때입니다.

기업의 비전과 개인의 지향점이 다를 때 시너지는 발생하지 않습니다. 당신은 AI 시대에 걸맞은 '플랫폼형 인간'을 꿈꾸는데 회사는 여전히 구시대적인 근태 관리와 보고 문화에 집착한다면, 그곳은 당신이 머물 자리가 아닙니다. 성장하지 않는 종목에 미련을 두지 마십시오.

4. 전략적 손절: 야생으로 나가기 전 'N개의 엔진'을 예열하라

손절매가 무작정 시장을 떠나는 것을 의미하지 않듯, 커리어의 손절도 대책 없는 퇴사를 의미하지 않습니다. 유능한 투자자는 종목을 교체(Switching)합니다. 당신도 '직장인'이라는 종목에서 '1인 기업 플랫폼'이라는 종목으로 갈아타야 합니다. 이를 위해 회사를 다니는 동안 다음의 엔진들을 예열하십시오.

- **AI와 유튜브를 결합한 브랜딩 엔진:** 당신의 전문 지식을 AI로 가공하고 유튜브나 SNS로 유통하십시오. 이것은 퇴사 후 당신의 가장 강력한 마케팅 본부가 될 것입니다.
- **취미를 수익 모델로 전환하는 테스트 엔진:** 당신이 좋아하는 일이 시장의 문제와 만나는 지점을 찾으십시오. 작게라도 유료 서비스를 런칭해 보는 경험이 필요합니다.
- **흔들리지 않는 시스템 투자 엔진:** 노동 소득이 끊겨도 당신의 자산을 지켜줄 글로벌 우량주 포트폴리오를 구축하십시오. 정기적인 자산 재배치 시스템이 완성되어 갈수록 손절에 대한 두려움은 사라집니다.

5. 제이안의 통찰: 손절은 새로운 **상장**을 위한 **자**본 **회**수다

우리의 인생은 한정된 자본(시간)을 어디에 투자하느냐에 따라 결과가 달라지는 경영 게임입니다. 가망 없는 안락함에 묶여 있는 시간은 당신의 인생에서 영원히 사라지는 '매몰 비용'입니다. 과감하게 그 시간을 회수하

여 당신만의 시스템을 만드는 데 투자하십시오.

손절매를 결정하는 순간, 당신은 더 이상 고용된 직원이 아닙니다. 당신 인생이라는 기업의 의사결정권을 쥔 CEO입니다. 회사가 주는 명함과 월급이라는 마약에서 깨어나, 시장의 냉혹한 평가를 견뎌낼 진짜 근육을 키우십시오. AI를 도구로 부리고, 콘텐츠로 세상을 흔들며, 시스템으로 부를 쌓는 'N잡러'의 길은 바로 이 고통스러운 손절에서 시작됩니다.

안락함은 달콤하지만, 그 끝은 상장 폐지입니다. 불편함은 쓰고 고통스럽지만, 그 끝은 당신이라는 기업의 화려한 상장(IPO)입니다. 지금 당신의 손가락을 매도 버튼 위에 올리십시오. 그리고 당신의 인생을 진정으로 우량한 곳으로 리밸런싱하십시오.

가망 없는 안락함을 판별하는 '손절매 시그널' 체크리스트

당신이 지금 머무는 곳이 '성장의 발판'인지 '침몰하는 배'인지 제이안의 시각으로 진단해 보십시오.

1. 기회비용의 저울질

"만약 내가 오늘 회사를 그만두고 그 시간을 오롯이 내 사업(AI 활용, 유튜브, N잡)에 쏟는다면 1년 뒤 내 가치는 지금보다 얼마나 높을까?" 만약 그 기대 가치가 현재 연봉보다 압도적으로 높다면, 당신은 매일 엄청난 손실을 보고 있는 것입니다.

2. '네트워크'의 질적 분석

현재 회사 동료들과의 대화 주제가 주로 상사 뒷담화, 연예 뉴스, 혹은 신세 한탄입니까? 아니면 새로운 기술 트렌드, 자산 배분 전략, 부업 아이디어입니까? 전자라면 당신은 지금 '하락장'에 진입한 커뮤니티에 소속된 것입니다. 정보의 질이 곧 주가입니다.

3. '대체 가능성' 공포 테스트

내 업무를 챗GPT나 최신 AI 툴에게 시켰을 때, 나보다 더 빠르고 정확하게 해낼 확률이 몇 %입니까? 만약 80%가 넘는다면 당신의 직무는 이미 시장에서 가치가 소멸된 '정지 종목'입니다. 회사가 눈치채기 전에 당신이 먼저 당신의 가치를 다른 영역으로 이전(Migration)해야 합니다.

[*Action Plan*] 나 주식회사 '손절 및 재배치' 계획서

더 이상 미룰 수 없습니다. 가망 없는 자산에서 손을 떼고 우량 자산으로 갈아타기 위한 실행안을 작성하십시오.

손절 대상 (버려야 할 것)	이유 (감가상각 요인)	신규 투자 대상 (N개의 엔진)	기대 효과 (상장 가치)
의미 없는 야근/회식	시간 자본 잠식	AI 툴 활용 및 업무자동화 학습	1인 기업 운영 효율극대화
회사 내부용 인 맥	시장 확장성 제로	유튜브/SNS 채널 개 설 및 운영	잠재 고객 1,000명 확보
수동적인 저축습관	인플레이션 방어 불가	글로벌 우량주 자산배분 시스템	노동 소득 대체 시스템 구축
안일한 주말 휴식	R&D 기회상실	취미의 수익화 모델 테스트	제2의 매출 파이프라인 생성

실행 팁: 한꺼번에 모든 것을 손절하려 하지 마십시오. 매주 10%씩 가망 없는 시간을 줄이고, 그 시간을 새로운 엔진을 예열하는 데 투입하십시오. 이것이 당신의 인생을 **점**진적으로 상장시키는 '연착륙 경영'입니다.

제이안의 한마디

손절은 실패가 아니라 선택입니다. 과거의 나를 손절하고, 미래의 나를 매수하십시오. 안락함이라는 감옥의 문을 여는 열쇠는 오직 당신만이 쥐고 있습니다. 1인 기업가로 가는 길은 그 문을 열고 나오는 용기에서 시작됩니다.

10.

[손절매 ②]

매몰 비용의 오류:

지금까지 버틴 시간이 아까워 남겠다고?

1. '비자발적 장기 보유'라는 이름의 덫

주식 시장에서 가장 흔하면서도 치명적인 실수는 '물린 주식'을 손절하지 못하고 들고 가는 것입니다. 주가는 이미 본질 가치를 잃고 하락 추세에 접어들었음에도 불구하고, 투자자는 자신이 처음 매수했던 가격과 그동안 들인 시간, 그리고 그 종목을 공부하며 쏟은 정성이 아까워 매도 버튼을 누르지 못합니다. 경제학에서는 이를 '매몰 비용의 오류'라고 부릅니다. 이미 지불되어 다시는 회복할 수 없는 비용에 집착하여, 정작 중요한 미래의 수익 가능성을 망치는 행위입니다.

직장인들의 커리어도 이와 똑같은 함정에 빠져 있습니다. "내가 이 회사에 바친 청춘이 10년인데", "지금까지 쌓아온 인맥과 직급이 아까워서", "여기서 퇴직금이라도 더 챙겨야지"라는 생각들이 당신의 발목을 잡습니다. 하지만 냉정하게 따져봅시다. 지난 10년의 세월은 이미 지나갔고, 당신이 어떤 선택을 하든 돌려받을 수 없는 비용입니다. 중요한 것은 '앞으로의 10년'을 이 가망 없는 종목에 계속 투자했을 때 얻을 수 있는 기대 수익이 얼마나 하는 것입니다. 과거에 집착하느라 미래를 상장(IPO)시킬 기회를 놓

70

나라는 기업을 상장하라

치고 있다면, 당신은 지금 인생이라는 거대한 자본을 가장 효율성 낮은 곳에 쏟아붓고 있는 셈입니다.

2. 기업 경영에서 '과거'는 '0'이다

성공하는 기업의 CEO들은 의사결정을 내릴 때 과거에 들어간 비용을 장부에서 지웁니다. 오직 '현재의 자원으로 미래에 어떤 가치를 만들 것인가'만을 봅니다. 1인 기업가로 상장하기 위한 첫 번째 마인드셋 역시 이와 같아야 합니다. 당신이 회사에서 보낸 시간, 거기서 얻은 화려한 직함, 내부적인 평판은 회사 밖으로 나가는 순간 '0'에 수렴할 가능성이 큽니다.

만약 당신이 머무는 조직이 성장이 멈추고, 당신의 역량을 '감가상각'시키기만 하는 곳이라면, 그곳에서 버틴 시간은 훈장이 아니라 '손실'입니다. 손실이 난 종목을 붙들고 있다고 해서 수익으로 변하지 않듯이, 비전 없는 직장에서 더 오래 버틴다고 해서 당신의 가치가 오르지 않습니다. 오히려 시간이 흐를수록 당신의 '야성'은 퇴화하고, 새로운 'N개의 직업'을 준비할 에너지만 고갈될 뿐입니다. 매몰 비용의 오류에서 벗어나는 유일한 방법은 과거의 자신을 과감히 '상각' 처리하고, 미래의 수익 자산으로 자본을 재배치하는 것입니다.

3. N개의 엔진으로 자본을 재배치하라: 독립을 위한 포트폴리오

가망 없는 안락함과 이별하기로 했다면, 이제 당신이 회수할 수 있는 유일한 자본인 '미래의 시간'을 어디에 투자할지 결정해야 합니다. 저는 1인 기업가로 상장하기 위한 네 가지 핵심 성장 엔진을 제안합니다. 이 엔진들

71

은 회사를 다니는 동안 '베타 테스트'를 거쳐야 하며, 독립 후에는 당신의 든든한 매출원이 될 것입니다.

첫째, AI라는 무한한 노동력을 고용하십시오.

과거의 1인 기업은 혼자서 모든 것을 다 해야 했기에 물리적 한계가 명확했습니다. 하지만 AI 시대는 다릅니다. AI를 활용해 기획, 디자인, 데이터 분석, 마케팅을 자동화하십시오. 회사를 다니는 동안 AI 툴을 업무에 적용해 생산성을 10배 이상 높여본 경험은, 독립 후 당신이 수십 명의 직원을 둔 기업과 경쟁할 수 있게 해주는 핵심 기술이 됩니다.

둘째, 유튜브, 블로그 및 기타 미디어를 통해 '디지털 자산'을 상장하십시오.

회사에서의 업무 노하우나 당신이 가진 취미를 콘텐츠로 전환하십시오. 유튜브 채널은 당신이라는 기업의 '공시 채널'이자 '영업 본부'입니다. 당신이 잠든 사이에도 당신의 가치를 전달하고 고객을 불러모으는 미디어 엔진은, 매몰 비용에 허덕이던 당신을 시장의 우량주로 끌어올려 줄 것입니다.

셋째, 취미와 열정을 비즈니스 모델로 치환하십시오.

단순한 즐거움을 넘어 타인의 문제를 해결해주는 '취미의 직업화'를 시도하십시오. 작은 온라인 커뮤니티 운영부터 유료 상담, 전자책 발행까지 무엇이든 좋습니다. 회사의 간판 없이 오직 당신의 이름으로 돈을 벌어보는 'N잡'의 경험은 독립 후 겪게 될 변동성을 견디는 가장 강력한 근육이 됩니다.

넷째, 시스템 투자라는 재무적 방패를 구축하십시오.

1인 기업가에게 가장 무서운 것은 '불규칙한 수입'입니다. 이를 해결하기 위해 노동 소득의 일부를 기계적으로 떼어 글로벌 우량주 자산 배분 포트폴리오에 예치하십시오. 제가 강조하는 정기적인 자산 재배치 원칙을 따르는 재무 시스템은, 당신이 1인 기업으로서 새로운 도전을 할 때 심리적으로 무너지지 않게 지탱해주는 든든한 '재무팀' 역할을 수행합니다.

4. 제이안의 통찰: 상장의 본질은 '미래 가치'의 선반영이다

주식 시장에서 주가는 현재의 실적이 아니라 '미래의 기대감'으로 움직입니다. 당신이라는 기업도 마찬가지입니다. 과거에 얼마나 고생했는지는 시장에서 아무런 관심이 없습니다. 시장이 묻는 질문은 오직 하나입니다. "당신은 내일 어떤 가치를 창출할 것인가?"

매몰 비용의 오류에 빠진 사람들은 자꾸 뒤를 돌아보며 손실을 계산합니다. 하지만 상장을 준비하는 CEO는 앞을 보며 기회를 계산합니다. AI를 도구로 삼고, 유튜브로 세상과 소통하며, 취미를 수익으로 연결하고, 시스템으로 재무를 관리하는 '플랫폼형 인간'으로 거듭나십시오.

회사를 다니는 지금이 바로 당신의 'N개의 엔진'을 예열하기 가장 좋은 시기입니다. 매달 들어오는 월급을 미래를 위한 R&D 비용으로 전용하십시오. 과거에 버틴 시간이 아까워 남겠다는 생각은 당신을 '상장 폐지'의 길로 인도할 뿐입니다. 지금 당장 그 무거운 매몰 비용을 내려놓고, 당신만의 새로운 종목 코드를 시장에 등록할 준비를 시작하십시오.

'매몰 비용' 해독을 위한 3대 경영 판단 원칙

과거의 노력이 당신의 미래를 발목 잡지 않도록, 제이안이 제안하는 냉혹한 자기 객관화 가이드입니다.

1. '제로 베이스' 사고법을 도입하라

"내가 오늘 이 회사에 처음 입사 지원을 한다면, 현재의 연봉과 비전을 보고 다시 지원하겠는가?" 만약 대답이 "아니오"라면, 당신은 오직 매몰 비용 때문에 그곳에 머물고 있는 것입니다. 과거를 지우고 오늘부터의 **5년**만 생각하십시오.

2. '경험의 유통기한'을 체크하라

회사에서 쌓은 10년의 경험 중, 회사 밖 야생에서 유효한 'N잡 기술'은 몇 퍼센트 입니까? 만약 특정 회사 시스템 내에서만 유효한 지식이라면 그것은 자산이 아니라 부채입니다. 당장 AI 툴 활용법이나 미디어 채널 운영 같은 '시장 통용 기술'로 자산 구성을 리밸런싱해야 합니다.

3. '심리적 퇴직금'을 지금 당장 인출하라

퇴직할 때 받을 돈에 집착하지 마십시오. 오히려 회사를 다니는 동안 회사의 자원을 활용해 배우는 모든 것, 만나는 모든 사람, 테스트해보는 모든 부업 아이디어가 당신의 '진짜 퇴직금'입니다. 이 유무형의 자산을 지금 당장 당신의 개인 계좌로 이체하십시오.

나라는 기업을 상장하라

<u>[*Action Plan*]</u> 나 주식회사 '매몰 비용 청산' 및 'N-엔진' 장착 표

과거의 사슬을 끊고 새로운 엔진을 달기 위한 구체적인 액션 플랜을 작성하십시오.

구분	청산할 매몰 비용 (과거)	새롭게 장착할 엔진 (미래)	구체적인 첫걸음
시간자본	의미 없는 내부 보고서 및 회의	AI 비서 모듈	업무 자동화 프롬프트 5개 작성
네트워크	회사 안에서의 서열과 평판	미디어/SNS 엔진	링크드인/블로그에 전문 칼럼기고
역량자산	특정 회사 전용 프로세스 숙달	취미 비즈니스 모델	내 취미를 서비스화한 상세페이지 만들기
재무구조	단순 적금 및 급여의존	자산 시스템 방패	글로벌 자산 배분 포트폴리오 설정

실행 팁: 매몰 비용을 아까워하는 마음이 들 때마다 당신의 'N-엔진'이 가져다 줄 미래 수익을 상상하십시오. 과거는 '비용'이지만 미래는 '수익'입니다. 경영자는 항상 수익이 나는 곳으로 자본을 이동시켜야 합니다.

제이안의 한마디

지금까지 버틴 시간이 아깝다면, 앞으로 버려질 시간은 더 아깝지 않습니까? 어제까지의 당신을 손절하십시오. 그리고 오늘부터 시작될 '나 주식회사'의 화려한 미래 가치를 풀로 매수하십시오. 1인 기업가로 가는 길은 과거라는 낡은 외투를 벗어 던지는 용기에서 시작됩니다.

2부

대체 불가능한 해자와
재무 시스템 구축

11.

[R&D 투자]

퇴근 후 2시간,
당신의 연구소는 가동 중인가

1. 낮에는 생존을 위해, 밤에는 상장을 위해 일하라

주식 시장에서 '성장주'와 '가치주'를 가르는 결정적인 지표 중 하나는 매출액 대비 R&D(연구개발) 투자 비중입니다. 현재의 이익에만 안주하고 미래를 위한 기술 개발에 소홀한 기업은 결국 시장에서 도태됩니다. 직장인인 당신도 마찬가지입니다. 낮 9시부터 6시까지의 시간은 당신의 현재 주가(연봉)를 유지하기 위한 '유지 보수' 시간입니다. 하지만 퇴근 후의 시간은 당신이라는 기업의 미래 가치를 결정짓는 '전략적 R&D' 시간이어야 합니다.

대부분의 직장인이 퇴근 후 '보상 심리'에 빠져 시간을 소비합니다. 넷플릭스를 보거나 스마트폰을 스크롤하며 낮 동안 소모된 에너지를 채우려 하죠. 하지만 1인 기업가로 상장될 우량주들은 이 시간을 **'인큐베이팅(Incubating)'** 기간으로 정의합니다. 충동적으로 사표를 던지는 것은 자본도 기술도 없는 기업이 무작정 시장에 뛰어드는 자살행위와 같습니다. 진짜 경영자는 회사가 주는 월급이라는 안정적인 'R&D 보조금'을 받는 동안, 퇴근 후 2시간이라는 밀도 높은 시간을 활용해 야생에서 통할 무기를 제련합니다. 당신의 연구소는 지금 제대로 가동되고 있습니까?

78

2. 회사는 실험실이다: 남의 돈으로 내 기술을 완성하는 기술

제가 강조하고 싶은 핵심은 '회사를 다니며 상장을 준비하는 영리함'입니다. 1인 기업가로 홀로서기 위해 필요한 역량들을 굳이 내 생돈 들여 배울 필요가 없습니다. 회사는 당신이 새로운 시도를 해볼 수 있는 가장 훌륭한 실험실입니다.

회사의 업무 프로세스를 개선하기 위해 AI 툴을 도입해 보고, 그 과정에서 얻은 데이터와 노하우를 당신만의 '모듈'로 만드십시오. 회사 입장에서는 업무 효율이 높아지니 좋고, 당신 입장에서는 독립 후 팔 수 있는 '검증된 서비스'를 만드는 셈입니다.

퇴근 후 2시간은 이렇게 낮 동안 수집한 '데이터'와 '경험'을 당신의 개인 자산으로 '치환'하는 시간입니다.

- PM(Project Manager)**의 역량**을 1인 기업의 **운영 시스템**으로 전환하기
- **영업 현장의 거절 데이터를 마케팅 콘텐츠로** 가공하기
- **회계와 재무 지식**을 당신만의 **자본 소득 포트폴리오 설계**에 적용하기

회사는 당신의 노동력을 사 가지만, 그 과정에서 당신의 뇌에 쌓인 '방법론'까지 가져가지는 못합니다. 그 방법론을 규격화하여 제품화하는 것, 그것이 바로 퇴근 후 연구소에서 벌어져야 할 핵심 공정입니다.

3. N개의 엔진을 예열하라: 상장을 위한 4대 연구 과제

성공적인 IPO(기업공개)를 위해서는 시장이 매력을 느낄 만한 'N개의 엔

2부 가치 제고 - 대체 불가능한 해자와 재무 시스템 구축

진'이 필요합니다. 퇴근 후 2시간 동안 당신은 다음 네 가지 연구 과제에 집중해야 합니다.

첫째, 'AI 비서'를 활용한 1인 기업 자동화 연구입니다.

혼자서 기획, 영업, 제작, 고객 관리를 다 하려면 물리적인 시간이 부족합니다. 이를 해결해 줄 유일한 대안은 AI입니다. 퇴근 후 2시간 동안 당신의 업무를 대신해 줄 AI 프롬프트를 만들고 워크플로우를 최적화하십시오. AI를 다루는 능력은 독립 후 당신의 인건비를 제로로 만들고 수익률을 극대화하는 가장 강력한 '핵심 기술'이 됩니다.

둘째, '미디어 채널'을 통한 시장 신뢰도 구축입니다.

당신이 아무리 유능해도 시장이 모르면 가치는 '0'입니다. 유튜브나 SNS를 단순히 재미로 하는 것이 아니라, 당신이라는 종목의 'IR(Investor Relations)' 채널로 운영하십시오. 당신의 전문성을 증명하는 콘텐츠를 꾸준히 발행하여, 독립하는 날 당신의 상장 소식에 환호하며 매수 버튼을 누를 '진성 주주(팬)'들을 미리 확보해야 합니다.

셋째, '취미의 비즈니스화'를 위한 프로토타입 제작입니다.

당신이 열정을 느끼는 취미가 타인의 문제를 해결해 주는 서비스로 변모할 수 있는지 테스트하십시오. 아주 작은 단위의 유료 서비스를 런칭해 보고 시장의 반응을 살피십시오. 회사의 간판 없이 당신의 이름으로 단돈 1,000원이라도 벌어보는 경험은, 어떤 연봉 인상보다 강력한 '독립 근육'을 만들어줍니다.

넷째, 흔들리지 않는 '재무 시스템'의 완비입니다.

1인 기업가는 수입의 변동성이 큽니다. 이를 방어할 수 있는 유일한 길은 노동과 상관없이 돌아가는 자산 시스템입니다. 노동 소득의 일정 부분을 떼어 글로벌 우량주 자산 배분 포트폴리오에 투입하고, 정해진 원칙에 따라 자산을 관리하십시오. 시스템이 당신의 뒤를 든든히 받쳐주고 있다는 확신이 들 때, 당신은 비로소 퇴사라는 과감한 결단을 내릴 수 있습니다.

4. 제이안의 통찰: 시간의 밀도가 시가총액을 결정한다

우리는 흔히 '시간이 없다'고 말합니다. 하지만 진짜 부족한 것은 시간이 아니라 '시간의 정의'입니다. 퇴근 후 2시간을 단순히 '쉬는 시간'으로 정의하면 그 시간은 소멸하는 비용이 됩니다. 하지만 그 시간을 '미래 가치를 생산하는 R&D'로 정의하면 그 시간은 복리로 자라나는 자본이 됩니다.

제가 계속 강조했듯, 자본 소득의 시스템을 설계하고, 당신의 몸값을 폭발적으로 높일 비즈니스 모델을 만드는 것은 오직 당신의 '몰입하는 시간'뿐입니다.

충동적인 퇴사로 배수진을 치지 마십시오. 회사가 주는 안락함을 역으로 이용하여 당신만의 요새를 구축하십시오. 낮에는 회사를 위해 최선을 다해 일하며 시스템의 생리를 배우고, 밤에는 당신 주식회사의 CEO로서 연구소의 불을 밝히십시오. 이 2층 구조의 삶이 1년만 지속되어도, 당신은 이미 시장이 탐내는 '초우량 비상장주'가 되어 있을 것입니다. 상장은 준비된 자에게만 허락되는 축제입니다.

'퇴근 후 연구소' 가동률을 높이는 3가지 운영 원칙

1인 기업가로 거듭나기 위해 퇴근 후 시간을 효율적으로 관리하는 제이안의 실전 노하우입니다.

1. '의지'가 아니라 '환경'을 상장하라

퇴근 후 집에 오면 의지력은 바닥납니다. 연구소(작업 공간)를 집이 아닌 카페나 공유 오피스로 지정하십시오. 장소를 바꾸는 것만으로도 뇌는 '근무 모드'로 전환됩니다. 당신의 연구소에 입장하는 순간, 당신은 직장인이 아니라 1인 기업의 CEO가 되어야 합니다.

2. '학습'만 하지 말고 '생산'을 공시하라

책만 읽고 강의만 듣는 것은 R&D가 아니라 소비입니다. 연구의 결과물은 반드시 밖으로 드러나야 합니다. 한 줄의 글, 한 편의 영상, 혹은 한 장의 기획안이라도 매일 '생산'하십시오. 그것이 시장에 보내는 당신의 기업 공시입니다.

3. '재무팀'의 자동화 보고를 신뢰하라

당신의 자산 시스템은 당신이 연구에 몰입하는 동안에도 묵묵히 돌아가야 합니다. 정해진 원칙에 따라 자본을 배분하고 리밸런싱하는 행위는 당신 기업의 재무 건전성을 지키는 최소한의 규율입니다. 이 재무적 기초가 튼튼해야 당신은 비로소 퇴근 후 2시간 동안 창의적인 신사업 구상에만 전념할 수 있습니다.

[*Action Plan*] **나 주식회사 R&D 센터 4주 가동 계획**

지금 당장 퇴근 후 2시간 동안 실행할 '상장 준비' 로드맵을 작성해 보십시오.

주차	연구 주제 (N개의 엔진)	핵심 활동 내용	기대 결과물
1 주차	AI 운영 모듈	내 직무 자동화를 위한 AI 툴 선정 및 테스트	업무 효율 30% 개선안
2 주차	미디어 영업 모듈	블로그/유튜브 테마 설정 및 첫 콘텐츠 제작	나만의 전문 키워드 선점
3 주차	취미 비즈니스 모듈	타인의 문제를 해결해 주는 유료 서비스 초안 작성	상세 페이지(Draft) 완성
4 주차	재무 방어 모듈	현재 자산 분석 및 시스템 투자 포트폴리오 설정	흔들리지 않는 재무 로드맵

제이안의 한마디: **4**주간의 연구가 끝나면 당신은 깨닫게 될 것입니다. 내가 회사에서 했던 일보다, 이 2시간 동안 만든 자산이 훨씬 더 강력한 생존 무기라는 사실을 말입니다.

제이안의 한마디

퇴사는 도망이 아니라 '독립 상장'이어야 합니다. 회사가 주는 월급을 당신의 꿈을 위한 투자금으로 생각하십시오. 오늘 밤 당신의 연구소 불빛이 당신의 인생을 바꿀 것입니다. 상장의 주인공은 바로 당신입니다.

83

12.

[경제적 해자 ①]

'기술'에 '금융'을 더할 때
생기는 진입 장벽

1. 당신의 성에는 '해자'가 있는가?

세계적인 투자자 워런 버핏은 기업을 평가할 때 '경제적 해자'를 가장 중요하게 봅니다. 성 주위를 둘러싼 깊은 구덩이인 해자는 적의 침입을 막아줍니다. 기업 경영에서 해자란 경쟁사가 쉽게 복제할 수 없는 독점적 경쟁 우위를 뜻합니다.

이제 질문의 화살을 당신에게 돌려봅시다. 1인 기업가로 상장하려는 당신에게는 어떤 해자가 있습니까? 단순히 "일을 잘한다", "성실하다", "경력이 많다"는 대답은 해자가 될 수 없습니다. 그것은 성문 앞에 서 있는 보초에 불과합니다. AI가 당신보다 더 빠르고 정확하게 결과물을 내놓고, 수많은 경쟁자가 당신보다 낮은 가격을 제시하며 시장에 진입할 때, 당신을 지켜줄 수 있는 진짜 해자는 무엇입니까?

진정한 1인 기업의 상장은 '기술(전문성)'이라는 날카로운 창과 '금융(자산 시스템)'이라는 견고한 방패가 결합할 때 비로소 완성됩니다. 기술만 있는 사람은 프리랜서로 남고, 금융만 있는 사람은 전업 투자자로 남지만, 이 둘을 결합한 사람은 누구도 넘볼 수 없는 '진입 장벽'을 가진 독보적인 기

84

나라는 기업을 상장하라

업이 됩니다.

2. 기술의 함정: 전문성만으로는 살아남을 수 없는 이유

직장인들이 가장 많이 하는 착각 중 하나가 "내 분야의 최고 전문가가 되면 독립해서 성공할 것"이라는 믿음입니다. 하지만 냉정하게 말해, 전문기술 하나만 가진 사람은 시장에서 '부품'으로 취급받기 쉽습니다. 당신이 가진 기술이 아무리 뛰어나도, 그것이 노동력과 1:1로 맞교환되는 구조라면 당신은 영원히 시간의 노예에서 벗어날 수 없습니다.

더욱이 AI 시대에 '순수 기술'의 유통기한은 유례없이 짧아졌습니다. 10년 걸려 배운 노하우를 AI가 단 몇 분 만에 학습하고 보급할 때, 당신의 기술적 가치는 급격히 감가상각됩니다. 이때 당신을 구원하는 것은 더 높은 수준의 기술이 아니라, 그 기술을 비즈니스로 전환하고 이를 지탱할 재무적 토대를 갖추는 '시스템적 사고'입니다.

3. 기술에 금융을 더하라: 1인 기업의 강력한 레버리지

1인 기업가에게 '금융'은 단순히 노후 준비를 위한 투자가 아닙니다. 그것은 비즈니스의 '가격 결정권'과 '심리적 우위'를 확보하기 위한 전략적 무기입니다.

첫째, 금융 시스템은 당신에게 '노(No)'라고 말할 수 있는 자유를 줍니다.

대부분의 1인 기업가가 초기 성장에 실패하는 이유는 '돈이 급해서' 가치가 낮은 일들을 닥치는 대로 수주하기 때문입니다. 하지만 등 뒤에 든든한 자산 배분 포트폴리오가 있고, 거기서 매달 일정한 수익(배당, 이자 등)

이 발생하는 구조를 가진 사장은 다릅니다. 당장 수입이 없어도 버틸 수 있는 '재무적 맷집'이 있다면, 당신은 자신의 가치를 깎아내리는 낮은 단가의 일을 거절하고, 당신의 브랜딩을 강화할 고부가가치 업무에만 집중할 수 있습니다. 이것이 바로 금융이 만들어내는 강력한 진입 장벽입니다.

둘째, 기술(AI, 미디어, 취미)은 자본을 만나 폭발적으로 성장합니다.

회사를 다니는 동안 당신이 연마해야 할 R&D의 핵심은 'AI를 활용한 생산성 혁명'과 '유튜브/SNS를 통한 미디어 브랜딩'입니다. 그런데 이 활동들은 초기에 성과가 바로 나지 않습니다. 이때 당신을 지탱해 주는 것이 바로 정교하게 설계된 자산 시스템입니다. 노동 소득의 일부를 떼어 글로벌 우량주 자산에 분산 투자하고, 정해진 원칙에 따라 자산을 관리하는 '사내 재무팀'을 가동하십시오. 이 재무 시스템이 굴러갈 때, 당신은 조급함 없이 당신의 기술을 미디어와 결합하고, 취미를 수익 모델로 전환하는 긴 호흡의 비즈니스를 완수할 수 있습니다.

4. 회사를 다니며 구축하는 '하이브리드 해자'

진짜 우량주는 회사를 즉흥적으로 그만두지 않습니다. 오히려 회사를 다니는 시간을 자신의 해자를 파는 '공사 기간'으로 활용합니다.

- **기술 해자 구축:** 업무의 80%를 AI로 자동화하고, 남는 시간에 당신만의 전문 분야를 유튜브나 블로그에 공시하십시오. 이것은 퇴사 후 당신의 마케팅 비용을 0원으로 만들어주는 강력한 무형 자산이 됩니다.
- **금융 해자 구축:** 매달 들어오는 월급이라는 안정적 현금 흐름을 활용해 전 세계 우량 ETF자산을 사 모으십시오. (개별 주식을 사 모으라

는 이야기가 아님을 명심하세요. 개별 주식의 등락 예측은 신의 영역 입니다. 지수를 추종하는 ETF 자산에 투자하라는 의미 입니다.) 감정을 배제한 채 정해진 주기마다 자산을 재배치하는 시스템을 완성하십시오.

이 두 가지 해자가 만나는 지점에서 당신의 1인 기업은 비로소 '상장'할 준비를 마치게 됩니다. 기술은 당신의 주가(몸값)를 올리고, 금융은 당신의 주가를 방어합니다. 이 균형이 잡힌 1인 기업가는 시장의 변동성에 일희일비하지 않습니다. 하락장이 오면 금융 시스템이 방어해 주고, 호황기가 오면 당신의 브랜딩과 기술이 수익을 극대화하기 때문입니다.

5. 제이안의 통찰: 해자는 '축적'되는 것이지 '구매'하는 것이 아니다

경제적 해자는 어느 날 갑자기 생기지 않습니다. 회사를 다니는 매일의 2시간, 월급의 30%를 시스템에 넣는 그 정직한 시간들이 층층이 쌓여 만들어지는 것입니다.

남들이 기술에만 매몰되어 있을 때 당신은 금융의 방패를 닦으십시오. 남들이 투기적인 수익에 눈이 멀어 있을 때 당신은 당신의 전문성을 AI와 결합해 복제 가능한 콘텐츠로 만드십시오. 기술과 금융이 유기적으로 결합한 당신의 '나 주식회사'는 시간이 흐를수록 난공불락의 요새가 될 것입니다.

노동 소득을 통해 얻은 지식을 '자산화'하고, 그 자본을 '시스템화'하는 지혜를 가진 사람에게 세상은 가장 높은 공모가를 지불합니다. 당신의 성 주위에 깊고 넓은 해자를 파십시오. 그 시작은 바로 오늘, 당신의 업무를 지식 자산으로 바꾸고 월급을 시스템 자산으로 전환하는 결단에서 시작됩니다.

1인 기업가에게 '금융'이 '기술'보다 중요한 순간들

기술은 훌륭한 공격수지만, 금융은 당신의 커리어를 끝까지 지켜주는 골키퍼입니다. 제이안이 강조하는 1인 기업가 상장 필수 재무 지침입니다.

1. '단가 후려치기'에 대처하는 법

잠재 고객이 터무니없는 가격을 제시할 때, 당신의 통장에 시스템 수익이 찍히고 있다면 당신은 웃으며 거절할 수 있습니다. "제 가치는 그 가격에 팔리지 않습니다."라고 말하는 순간 당신의 브랜딩은 시작됩니다. 재무적 여유가 곧 당신의 '**프**리미엄 이미지'를 만듭니다.

2. 'R&D 슬럼**프**'를 견**디**는 힘

콘텐츠를 올렸는데 반응이 없거나, 새로운 기술 습득이 더딜 때 사람들은 포기합니다. 하지만 당신의 자본 시스템이 묵묵히 자산을 불려주고 있다면, 당신은 한두 번의 실패에 좌절하지 않고 비즈니스 모델을 피벗(Pivot)할 수 있는 '시간적 자본'을 얻게 됩니다.

3. '정기적 리밸런싱'은 경영자의 루틴

비즈니스가 바쁠수록 재무 관리는 소홀해지기 쉽습니다. 하지만 1인 기업의 CEO라면 정해진 원칙에 따라 자산의 비중을 **점**검하는 시간을 신성시해야 합니다. 감정을 배제하고 숫자로만 대화하는 이 시간은, 당신이 비즈니스 현장에서 겪은 뜨거운 감정들을 차갑게 식히고 객관적인 경영 판단을 내리게 돕습니다.

당신만의 대체 불가능한 진입 장벽을 만들기 위해 다음 항목을 구체화하십시오.

해자 구분	현재 상태 (Weak)	1년 뒤 목표 (Strong)	핵심 실행 과제
기술 (Spear)	업무 지식 보유	AI 활용 지식 콘텐츠화	주 1회 전문 칼럼/ 영상 업로드
미디어 (Castle)	명함 의존 인맥	나만의 미디어 채널보유	구독자 1,000명 및 팬덤 확보
금융 (Moat)	급여 전액 소비	수입 30% 시스템 투자	정해진 원칙에 따른 자산 재배치
융합전략	-	**지식+자본 시스템 완성**	시스템 수익으로 R&D 비용 충당

실행 팁: 1인 기업의 가장 큰 적은 '고독'과 '불안'입니다. 금융 해자는 이 불안을 잠재우는 가장 과**학**적인 약입니다. 재무가 안정되면 당신의 기술적 창의성은 비로소 폭발할 수 있습니다.

제이안의 한마디

기술만 있는 성은 무너지기 쉽고, 돈만 있는 성은 약탈당하기 쉽습니다. 당신의 전문 지식을 AI라는 거푸집에 넣어 단단한 성벽을 쌓고, 그 주위를 흔들리지 않는 자본 시스템의 물길로 채우십시오. 그것이 당신이라는 기업이 시장에서 영원히 상장 폐지되지 않는 유일한 방법입니다.

13.

1인 기업의 무기:
좁고 깊게 파고들어라

1. '범용성'이라는 이름의 함정

주식 시장에서 '지주회사'는 흔히 자회사들의 가치를 합친 것보다 낮은 대접을 받습니다. 이를 '지주사 할인(Holding Company Discount)'이라고 부르죠. 여러 분야에 걸쳐 사업을 벌이는 기업은 전문성이 떨어져 보이고 리스크 관리가 복잡하기 때문입니다. 1인 기업을 준비하는 직장인들이 가장 많이 저지르는 실수가 바로 이 '지주사'가 되려는 욕심입니다.

"나는 이것도 할 줄 알고, 저것도 할 줄 압니다."

시장(고객)의 눈에 이런 자기소개는 아무것도 할 줄 모른다는 말과 같습니다. 대기업은 거대한 자본과 인력을 동원해 '범용적인 서비스'를 싼값에 대량 공급할 수 있습니다. 1인 기업이 대기업이 선점한 넓은 시장에서 '다재다능함'으로 승부하려는 것은 자살행위입니다. 당신이 상장시키려는 '나라는 기업'의 주가를 올리고 싶다면, 범용성이라는 함정에서 벗어나 '독점적 깊이'를 확보해야 합니다. 대기업이 너무 커서 보지 못하거나, 수익성이 낮아 포기한 아주 좁은 영역을 찾아 그곳의 절대강자가 되는 것, 그것이 1인 기업의 가장 강력한 무기인 '초니치(Ultra-Niche)' 전략입니다.

90

2. **쪼**개고, **깎**고, **파고들**어라: 마이크로 섹터의 리더가 되는 법

그렇다면 어떻게 좁고 깊게 파고들 수 있을까요? 기업 경영에서 '세그먼트(Segment)'를 나누듯 당신의 직무를 해부해야 합니다. 단순히 '마케터'라고 자신을 정의하지 마십시오. 'IT 스타트업을 위한 마케터'도 여전히 너무 넓습니다. '투자를 유치하려는 초기 AI 스타트업의 퍼포먼스 마케팅 솔루션'까지 파고들어야 합니다.

이렇게 영역을 좁히면 시장이 작아 보일까 봐 두려우신가요? 천만의 말씀입니다. 영역이 좁아질수록 당신의 가치(Valuation)는 수직 상승합니다.

- **희소성의 법칙:** 넓은 시장에는 경쟁자가 넘치지만, 좁은 시장에서는 당신이 곧 기준이 됩니다.
- **전문성의 집약:** AI 시대에 얕은 지식은 가치가 0원입니다. 하지만 특정 분야의 깊은 데이터와 경험이 결합한 통찰은 AI조차 복제할 수 없는 해자가 됩니다.
- **마케팅 효율의 극대화:** 타겟이 명확하면 당신이 쏘는 화살(메시지)은 백발백중입니다. 유튜브 채널을 운영해도 수만 명의 불특정 다수보다, 당신의 서비스를 구매할 확실한 1,000명의 전문가를 모으는 것이 훨씬 실속 있는 상장 전략입니다.

회사를 다니는 동안 당신이 해야 할 R&D는 바로 이 '나만의 마이크로 섹터'를 발견하는 것입니다. 현재 당신의 업무 중 시장에서 가장 비싼 값에 팔릴 수 있는 '단 하나의 모듈'을 찾아내십시오. 그리고 퇴근 후 연구소에서 그 모듈을 세상에서 가장 날카롭게 다듬는 작업을 시작해야 합니다.

3. AI와 미디어라는 돋보기를 들어라

좁은 영역을 깊게 파기 위해서는 도구가 필요합니다. 1인 기업가에게 그 도구는 **AI**와 미디어(유튜브/SNS)입니다.

먼저, AI는 당신의 전문성을 심화시키는 '연구원'입니다. 당신이 선택한 좁은 분야의 데이터를 AI와 함께 분석하고 가공하십시오. AI를 활용해 해당 분야의 최신 트렌드를 누구보다 빠르게 습득하고 콘텐츠화 한다면, 당신은 그 분야의 독보적인 권위자로 상장될 수 있습니다. 1인 기업은 AI라는 레버리지를 통해 지식의 깊이를 무한대로 확장할 수 있는 시대에 살고 있습니다.

다음으로 미디어는 당신의 깊이를 세상에 알리는 '등대'입니다. 대중적인 인기를 얻으려 하지 마십시오. 당신이 정한 마이크로 섹터의 고민을 해결해 주는 깊이 있는 콘텐츠를 유튜브나 블로그에 쌓으십시오. 영상의 조회 수가 100회밖에 되지 않아도 괜찮습니다. 그 100명이 당신의 전문 지식을 간절히 필요로 하는 잠재 고객이라면, 당신의 상장 예비 심사는 이미 통과된 것이나 다름없습니다.

4. 흔들리지 않는 뿌리: 시스템 경영이 뒷받침하는 깊이

좁고 깊게 파는 전략은 초기에는 성과가 더디게 나타날 수 있습니다. 넓은 그물을 치는 사람보다 고기를 낚는 속도가 늦어 보일 수도 있죠. 이때 당신을 버티게 해주는 것이 바로 견고한 **자산 시스템**입니다.

직장 생활을 하며 받는 월급의 일부를 기계적으로 떼어 글로벌 우량 자산에 배분하는 행위는 단순히 돈을 모으는 것이 아닙니다. 그것은 당신의 비즈니스가 궤도에 오를 때까지 조급함 없이 '깊이'에 집중할 수 있게 해주는 '심리적 운영 자금'을 만드는 과정입니다.

정해진 원칙에 따라 자산을 재배치하고 관리하는 시스템이 정착되면, 당신은 당장 돈이 되는 잡다한 일들에 눈을 돌리지 않아도 됩니다. "지금 수입이 좀 적어도 괜찮아. 내 재무 시스템이 내 뒤를 받쳐주고 있으니, 나는 내 분야의 최고가 되는 데만 집중하겠어."라는 선언이 가능해집니다. 이 여유가 있어야만 비로소 대기업이 흉내 낼 수 없는 '장인 정신'이 깃든 1인 기업의 해자가 완성됩니다.

5. 제이안의 통찰: 작게 시작해서 크게 이기는 '상륙 작전'

역사적인 상륙 작전들은 해안선 전체를 공격하지 않았습니다. 가장 취약하지만 전략적으로 중요한 단 한 곳의 교두보를 확보하는 데 집중했죠. 1인 기업의 시장 진입도 이와 같아야 합니다.

회사를 다니는 지금, 당신의 교두보를 정하십시오. 낮에는 회사의 시스템을 활용해 시장의 빈틈을 관찰하고, 밤에는 당신만의 전문 지식을 AI와 미디어로 무장시키십시오. 그리고 동시에 당신의 자산을 시스템화하여 그 어떤 풍랑에도 흔들리지 않는 뿌리를 내리십시오.

자본 소득이라는 방패 뒤에서 연마한 당신의 '초니치 기술'은 세상의 판도를 바꿀 수 있습니다. 좁게 파십시오. 그러면 깊어집니다. 깊어지면 대체 불가능해집니다. 대체 불가능한 존재가 되는 순간, 시장은 당신이라는 기업에 상상할 수 없는 높은 기업가치를 부여할 것입니다. 당신은 지금 어디를 파고 있습니까?

나만의 '금광'을 찾는 니치 발굴 프로세스

당신이 상장할 마이크로 섹터를 찾기 위한 제이안의 3단계 가이드입니다.

1. 업무 일지에서 '반복되는 질문'을 찾아라

회사 생활 중 동료나 고객이 당신에게 가장 자주 묻는 것이 무엇입니까? "이건 제이안 씨가 제일 잘 알잖아요"라고 말하는 그 지**점**이 당신의 니치입니다. 남들에겐 어렵지만 당신에겐 쉬운 일, 그것이 당신의 핵심 상장 품목입니다.

2. '누구'보다 '무엇을 해결하는가'에 집중하라

1인 기업의 브랜드는 당신의 얼굴이 아니라 당신이 해결해 주는 '문제의 크기'에서 나옵니다. "나는 30대 여성을 돕습니다"가 아니라 "나는 경력 단절 여성이 AI를 활용해 3개월 만에 재취업하는 것을 돕습니다"로 뾰족해져야 합니다. 문제가 구체적일수록 당신의 가치는 선명해집니다.

3. '재무 안정판'의 높이를 확인하라

니치 전략은 초기 인내심이 필요합니다. 당신의 시스템 투자가 최소 6개월에서 1년의 생활비를 감당할 수준으로 올라오고 있습니까? 정해진 주기에 따라 자본을 배분하는 시스템이 가동되고 있다면, 당신은 더 깊게 팔 수 있는 용기를 얻게 됩니다. 재무의 안정감이 곧 통찰의 깊이가 됩니다.

아래 항목을 작성하며 당신이 파고들 영역을 날카롭게 다듬어 보십시오.

구분	현 재 (Broad)	목표 (Ultra-Niche)	핵심 실행 과제
타겟고객	직장인 전체	1인 기업 전향을 꿈꾸는 40대 기술직	해당 타겟의 고민 리서치
해결문제	재테크 상담	자산 배분 시스템을 활용한 은퇴 설계	나만의 자산 배분 템플릿 제작
활용도구	엑셀, 검색	AI 프롬프트 엔지니어링, 유튜브	AI 기반 재무 리포트자동화
브랜딩 키워드	성실한 전문가	시스템 투자 및 독립 생존 설계자	주 1회 전문 칼럼 발행

실행 팁: 만약 당신의 분야에 경쟁자가 너무 많다면, 당신의 취미나 전혀 다른 분야의 지식을 결합해 보십시오. 'ERP 컨설턴트'는 많지만, '리밸런싱 투자를 즐기는 ERP 컨설턴트의 자기 경영법'은 오직 당신뿐입니다.

제이안의 한마디

웅덩이가 넓으면 얕아지지만, 좁으면 깊어집니다. 1인 기업은 웅덩이가 아니라 '우물'을 파는 경영입니다. 세상 모든 사람을 만족시키려 하지 마십시오. 오직 당신만이 해결해 줄 수 있는 그 좁은 영역의 영웅이 되십시오.

14

[사내 재무팀 ①]

왜 1인 기업가에게
자동투자 시스템이 필수인가

1. 1인 기업가에게 '재무팀'이 부재할 때 생기는 비극

기업이 성장하기 위해서는 두 개의 핵심 엔진이 필요합니다. 하나는 돈을 벌어오는 '영업/마케팅'이고, 다른 하나는 들어온 돈을 관리하고 불리는 '재무'입니다. 우리가 직장인에서 1인 기업가로 상장하기 위해 AI를 배우고 유튜브를 운영하는 것이 영업 엔진을 다는 과정이라면, 자산을 시스템화하는 것은 당신 기업에 유능한 'CFO(최고재무책임자)'를 영입하는 것과 같습니다.

대부분의 예비 1인 기업가들은 영업 엔진에만 매몰됩니다. "어떻게 하면 내 몸값을 올릴까?"에만 집중하느라, 정작 벌어들인 자본이 인플레이션이라는 거대한 파도에 휩쓸려 나가는 것을 방치합니다. 재무팀이 없는 기업은 매출이 아무리 높아도 현금 흐름의 변동성을 견디지 못하고 도산합니다. 1인 기업가에게 자동투자 시스템이 선택이 아닌 필수인 이유는, 이것이 당신이 본업(R&D)에 집중하는 동안 당신의 등 뒤를 지켜주는 유일한 '재무적 방패'이기 때문입니다.

2. 자본주의 100년의 증명: 지수 우상향의 백테스트 결과

우리가 자동투자 시스템을 믿고 맡길 수 있는 근거는 막연한 희망이 아니라 차가운 '데이터'에 있습니다. 지난 100년간의 자본주의 역사를 돌이켜보면, 전 세계 시장을 대표하는 지수들은 숱한 경제 위기와 전쟁 속에서도 결국 우상향했습니다.

특히 미국의 S&P 500 지수와 나스닥 지수를 보십시오. 대공황, 오일 쇼크, IT 버블 붕괴, 그리고 최근의 팬데믹까지 시장은 수차례 '상장 폐지' 급의 충격을 겪었습니다. 하지만 지수는 그 모든 하락을 이겨내고 전고점을 돌파했습니다. 왜일까요? 지수 자체가 '자본주의의 생존 본능'을 담고 있기 때문입니다. 지수는 성장이 멈춘 기업을 퇴출하고, 새로 떠오르는 혁신 기업(AI, 빅테크 등)을 자동으로 편입합니다. 즉, 우리가 지수에 투자한다는 것은 인류 기술의 진보와 자본의 집중력에 투자하는 것과 같습니다.

과거 데이터를 기반으로 한 백테스트 결과는 명확합니다. 연평균 8~10% 수준의 복리 성장은 지난 수십 년간 반복되어 온 상수입니다. 1인 기업가로서 당신이 해야 할 일은 이 거대한 우상향의 열차에 당신의 자본을 올라타게 만드는 것입니다. 노동 소득의 속도는 결코 지수의 복리 성장 속도를 이길 수 없기 때문입니다.

3. 인플레이션과 기술의 결합: 현금은 쓰레기인가?

우리는 흔히 현금을 '안전 자산'이라고 착각합니다. 하지만 인플레이션이라는 관점에서 보면 현금은 매일 가치가 녹아내리는 '소모성 자산'입니다. 중앙은행이 화폐를 찍어낼수록 당신이 고생해서 번 월급의 구매력은 떨어집니다. 가만히 앉아서 당신이라는 기업의 실질 가치가 하락하는 것을 지켜 보시겠습니까?

인플레이션을 방어하고 오히려 그 파도를 타고 나아가는 방법은 인플레이션의 주체, 즉 '물가를 올릴 수 있는 권력'을 가진 기업의 주인이 되는 것입니다. 기술의 발전(AI, 로봇 등)은 기업의 생산성을 폭발시키고, 그 가치는 주가에 선반영됩니다. 1인 기업가로서 당신이 AI를 도구로 부려 몸값을 올리는 동안, 당신의 재무 시스템은 그 AI 기술을 개발하는 빅테크 기업들의 지분을 자동으로 사 모아야 합니다. 이것이 기술 문명의 진보로부터 소외되지 않고 그 결실을 함께 나누는 '진짜 재무 경영'입니다.

4. 제이안의 자동투자 시스템 핵심 요약

제가 기존에 출간 했던 **"나는 50살에 진짜 투자를 시작했다"** 에서 정립하고 수많은 독자가 증명한 이 직장인 대상 시스템적 재무 투자의 핵심은 '감정의 제거'와 '규칙의 준수'입니다. 1인 기업가에게 필요한 재무팀은 똑똑한 사람이 아니라, 시키는 대로 묵묵히 실행하는 '알고리즘'이어야 합니다.

- **자산의 배분 (Asset Allocation):** 모든 달걀을 한 바구니에 담지 않습니다. 성장성이 높은 미국 지수 추종 ETF (S&P 500, 나스닥)과 시장의 충격을 완화해 줄 안전 자산 ETF(채권, 금, 현금)의 비율을 정합니다.
- **기계적 리밸런싱 (Rebalancing):** 시장의 소음에 귀를 닫고, 정해진 주기마다 자산의 비중을 원래대로 되돌립니다. 매월 들어오는 급여 소득의 일부와 현금성 자산에 자동으로 누적되는 퇴직금을 계속 지수 추종 EFT에 포트폴리오 투자를 해야 합니다.
- **복리의 극대화:** 배당금은 재투자하고, 시간이라는 자본을 투입하여

눈덩이가 스스로 굴러가게 만듭니다.

이 시스템이 구축되면 당신은 매일 주가 창을 들여다볼 필요가 없습니다. 당신의 '사내 재무팀'이 전 세계 우량 기업들로부터 배당금을 수거하고, 인플레이션을 방어하며 자산을 불려주고 있기 때문입니다. 당신은 오직 당신의 가치를 높이는 R&D와 'N개의 직업'을 만드는 데만 당신의 귀한 에너지를 쏟으면 됩니다.

5. 미래 **1**인 기업을 위**한 재무적 징검**다리

회사를 다니는 지금이 이 시스템을 세팅할 최적의 타이밍입니다. 매달 들어오는 안정적인 월급은 시스템을 테스트하고 키워나갈 훌륭한 '종잣돈'입니다. 1인 기업가로 독립한 후에는 수입의 변동성이 커집니다. 그때가 되어 재무 관리를 시작하려 하면 조급함 때문에 원칙을 어기게 됩니다.

지수 우상향의 역사에 올라타십시오. 인플레이션을 두려워하는 대신 이용하십시오. 당신이 잠든 사이에도, 당신이 유튜브 영상을 기획하거나 AI 프롬프트를 연구하는 사이에도 묵묵히 일하는 재무 시스템을 가지십시오. 그것이 당신이라는 기업이 세상에 공개(IPO)될 때, 시장이 당신에게 압도적인 가치를 부여하게 만드는 든든한 기초가 될 것입니다.

CFO(자동투자 시스템)가 1인 기업가에게 주는 3가지 선물

1인 기업가로 독립하는 순간 당신은 고독해집니다. 이때 자동투자 시스템은 단순한 돈 이상의 의미를 갖습니다.

1. 심리적 '기본 소득'의 형성
비즈니스는 때로 하락장을 겪습니다. 몇 달간 매출이 없을 수도 있죠. 이때 시스템에서 나오는 배당과 불어난 자산은 당신에게 "당장 굶어 죽지 않는다"는 강력한 안도감을 줍니다. 이 안도감이 있어야만 당신은 저가 수주에 목매지 않고 당신의 가치를 지키는 비즈니스를 지속할 수 있습니다.

2. 의사결정의 객관성 확보
돈에 쫓기면 판단력이 흐려집니다. 시스템이 재무를 책임지고 있으면, 당신은 비즈니스적 결단을 내릴 때 더 장기적이고 객관적인 관점을 유지할 수 있습니다. 1인 기업가에게 최고의 경영 전략은 '여유'에서 나옵니다.

3. 시간 자본의 무한 레버리지
당신은 몸이 하나입니다. 하지만 당신의 자본은 전 세계 수천 개의 기업에서 수만 명의 유능한 직원과 AI가 일하게 만듭니다. 당신의 노동 소득에 자본 소득이라는 날개를 다는 것, 그것이 1인 기업이 대기업의 인프라를 이기는 유일한 방법입니다.

[*Action Plan*] 나 주식회사 '사내 재무팀' 발족 선언

더 이상 미루지 말고 오늘 당신 기업의 재무 시스템을 가동하십시오.

단계	행동 지침	완료여부
1단계: 장부 정리	현재 나의 순자산과 매달 투자 가능한 현금 흐름 파악하기	[ ]
2단계: 시스템 설계	주식(S&P 500/나스닥)과 안전 자산의 목표 비중 설정하기	[ ]
3단계: 자동화 세팅	증권사 자동 이체 및 적립식 매수 설정하기	[ ]
4단계: 업무 위임	재무는 시스템에 맡기고, 나는 오늘 퇴근 후 R&D에 집중하기	[ ]

실행 팁: 백테스트 결과를 믿으십시오. 자본주의는 혁신하는 기업들의 편입니다. 당신이 그 기업들의 지분을 가진 주주인 이상, 시간은 당신의 편입니다.

제이안의 한마디

1인 기업가의 실력은 영업력에서 나오지만, 생존력은 재무 시스템에서 나옵니다. 인플레이션이 당신의 노력을 갉아먹게 두지 마십시오. 오늘 구축한 시스템이 훗날 당신이 자유로운 1인 기업가로 상장할 때 가장 든든한 우군이 되어줄 것입니다.

2부 가치 제고 - 대체 불가능한 해자와 재무 시스템 구축

15

[사내 재무팀 ②]

4월 21일과 10월 21일:

시스템이 당신의 감정을 이긴다

1. 투자의 성패는 '지능'이 아니라 '감정 제어'에 달렸다

월스트리트의 전설적인 투자자들은 하나같이 입을 모아 말합니다. "투자는 1%의 기술과 99%의 인내, 그리고 감정 조절로 이루어진다." 하지만 우리 같은 평범한 인간의 뇌는 태생적으로 투자에 적합하지 않게 설계되어 있습니다. 주가가 오르면 탐욕에 눈이 멀어 상단에서 추격 매수를 하고, 주가가 빠지면 공포에 질려 바닥에서 손절매를 유도하는 것이 우리의 본능입니다.

특히 혼자서 모든 결정을 내려야 하는 1인 기업가에게 '감정'은 가장 위험한 경영 리스크입니다. 본업에서 스트레스를 받거나 현금 흐름이 막히면, 그 불안함은 고스란히 투자 계좌로 전이됩니다. "지금이라도 팔아서 생활비로 써야 하나?" 혹은 "남들은 코인으로 대박 났다는데 나만 뒤처지는 거 아닐까?" 하는 소음들이 당신의 재무적 해자를 무너뜨립니다. 이 감정의 파도를 잠재우고 당신의 자산을 지켜줄 유일한 방법은, 당신의 의지를 믿지 않고 오직 '날짜와 시스템'에 모든 권한을 위임하는 것입니다.

2. 왜 4월 21일과 10월 21일인가: 시장의 소음을 차단하는 마법의 날짜

제가 1년에 단 두 번, 4월 21일과 10월 21일을 강조하는 이유는 이것이 시장의 심리적 변동성으로부터 가장 자유로운 '중립 지대'이기 때문입니다.

- **시즌성의 회피:** 1월은 '신년 효과'로 인한 과도한 낙관론이 지배하고, 12월은 '연말 산타 랠리'나 대주주 양도세 회피 물량 등으로 시장이 왜곡되기 쉽습니다. 4월과 10월은 이러한 계절적 노이즈가 잦아들고 기업들의 실적 윤곽이 명확해지는 시점입니다.
- **감정적 평온의 유지:** 날짜를 특정하지 않으면 인간은 끊임없이 '타이밍'을 재려고 합니다. "내일은 좀 더 오르겠지", "다음 주에 지표 발표를 보고 결정하자"는 생각들이 꼬리에 꼬리를 물며 결국 결정을 미루게 만듭니다. 4월 21일과 10월 21일은 당신이 시장과 벌이는 '심리전'을 강제로 종료시키는 휴전 협정일과 같습니다.
- **6개월의 미학:** 너무 자주 리밸런싱을 하면 거래 수수료와 세금이 수익률을 갉아먹습니다. 반면 너무 드물게 하면 자산 간 비중이 너무 벌어져 리스크 관리가 안 됩니다. 6개월은 자산이 스스로 자라날 시간을 충분히 주면서도, 시장의 과열과 냉각을 적절히 조율할 수 있는 최적의 '호흡'입니다.

3. 리밸런싱의 원리: 본능을 거슬러 수익을 확정하는 법

리밸런싱(Rebalancing)은 말 그대로 자산의 균형을 다시 맞추는 행위입니다. 하지만 그 이면에는 투자에서 가장 어려운 '저가 매수, 고가 매도(Buy

2부 가치 제고 - 대체 불가능한 해자와 재무 시스템 구축

Low, Sell High)'를 기계적으로 실현하는 로직이 숨어 있습니다.

예를 들어, 당신의 자산 배분 원칙이 [미국 우량주 60 : 안전 자산 40]이라고 가정해 봅시다. 지난 6개월간 주식 시장이 폭등했다면, 당신의 계좌 비중은 [주식 70 : 안전 자산 30]으로 변해 있을 것입니다. 이때 인간의 본능은 "주식이 잘 나가니 더 사야지!"라고 외치지만, 시스템은 냉정하게 명령합니다. "비싸진 주식은 홀딩, 상대적으로 싸진 안전 자산에 이번 달 급여 소득의 일부를 분할매수해서 다시 10% 더 채워 넣어라."

반대로 시장이 폭락해 주식 비중이 50%로 떨어졌을 때도 시스템은 작동합니다. 공포에 질린 대중들이 주식을 던질 때, 당신은 원칙에 따라 분할 매수 금액으로 주식을 싼 가격에 '줍줍'하게 됩니다. 이 단순한 반복이 장기적으로 지수 수익률을 상회하는 복리의 마법을 부립니다. 당신의 감정은 괴롭겠지만, 당신의 계좌는 웃게 되는 과정입니다.

제아안의 지수 추종 리밸런싱에는 매도가 없습니다. 포트폴리오 비율에 계속 수렴하는 매수가 대부분을 차지합니다. 이 작업이 5년, 10년, 15년 되었을 때 우상향 하는 지수를 복리 수익과 함께 극대화시킵니다.

4. 1인 기업가에게 리밸런싱 데이가 갖는 의미: 경영자의 '정기 주총'

1인 기업가인 당신에게 4월 21일과 10월 21일은 단순히 주식을 사고파는 날이 아닙니다. 이 날은 당신 기업의 '정기 주주총회'이자 'CFO 보고일'입니다.

- **의사결정 피로도의 감소**: 독립적인 사업을 운영하다 보면 수많은 선택의 기로에 놓입니다. 재무 관리에서만큼은 의사결정의 에너지를 낭비하지 마십시오. 1년에 딱 두 번만 장부를 열면 된다는 규칙은 당

신의 귀한 정신적 에너지를 본업인 R&D와 콘텐츠 생산에 온전히 쏟을 수 있게 해줍니다.

- **재무적 자신감의 획득:** 시스템이 자산을 관리해준다는 확신이 들면, 본업에서 일시적인 매출 하락이 발생해도 당황하지 않습니다. "내 사내 재무팀은 전 세계 우량 기업들의 성장에 올라타서 묵묵히 제 일을 하고 있다"는 믿음이 당신의 비즈니스적 담력을 키워줍니다.
- **상장의 지표 점검:** 리밸런싱을 할 때마다 당신의 순자산 추이를 기록하십시오. 노동 소득이 자본 소득으로 전환되는 속도를 눈으로 확인하는 과정은, 당신이 언제쯤 완전한 독립 상장(Full Independence)이 가능할지 알려주는 가장 정확한 나침반이 됩니다.

5. 제이안의 통찰: 시스템은 당신보다 똑똑하다

인공지능(AI) 시대에 우리가 배워야 할 것은 기술뿐만이 아닙니다. '시스템에 순응하는 지혜'입니다. 챗GPT가 당신의 업무 효율을 높여주듯, 4월 21일과 10월 21일의 리밸런싱 시스템은 당신의 재무 효율을 극대화해 줍니다.

과거 자본주의 시장의 우상향 데이터를 믿으십시오. 인플레이션이 당신의 현금을 녹여버리기 전에 기술 우량주와 안전 자산의 포트폴리오로 방어막을 치십시오. 그리고 무엇보다, 그 방어막을 흔드는 당신 자신의 감정을 경계하십시오. 시스템이 당신의 감정을 이기게 두십시오. 그것이 당신이라는 기업이 거친 시장에서 영속할 수 있는 유일한 비결입니다.

시스템을 갖춘 자의 평온함은 그 어떤 시장의 폭풍우도 이길 수 있습니다. 4월 21일과 10월 21일, 이 두 날짜는 당신을 자유로운 1인 기업가로 만들어 줄 가장 정직한 약속입니다.

리밸런싱 데이를 위한 '마인드셋' 매뉴얼

시스템이 원활하게 작동하기 위해 제이안이 권고하는 3대 금기 사항입니다.

1. '날짜'를 흥정하지 마십시오 "오늘 지표가 발표되니 내일 할까?" 하는 생각은 시스템의 균열을 만듭니다. 4월 21일과 10월 21일이 주말이라면 그다음 월요일에 하면 됩니다. 날짜를 어기는 순간, 당신은 다시 '감정 투자자'의 길로 들어서게 됩니다.

2. '뉴스'를 분석하지 마십시오 리밸런싱 당일에 경제 뉴스를 보는 것은 독약을 마시는 것과 같습니다. 뉴스는 항상 공포나 탐욕을 자극합니다. 시스템 경영자는 뉴스가 아니라 '내 계좌의 비중'이라는 숫자만 보고 판단합니다.

3. '결과'를 자책하지 마십시오 리밸런싱 후에 주가가 더 오르거나 더 빠질 수 있습니다. 그것은 시장의 영역입니다. 당신의 성공 지표는 "수익이 얼마나 났는가"가 아니라 "내가 정한 시스템 원칙을 100% 준수했는가"가 되어야 합니다. 원칙을 지킨 CEO는 결국 시장이 보상합니다.

[*Action Plan*] 나 주식회사 '시스템 경영' 선언문

아래 내용을 소리 내어 읽고, 당신의 시스템에 서명하십시오.

- 나는 나 자신의 감정보다 사전에 정의된 투자 시스템을 신뢰한다.
- 나는 매년 **4**월 21일과 10월 21일을 '나 주식회사'의 공식 재무 **점**검일로 지정한다.
- 나는 시장의 소음에 흔들리지 않고, 오직 목표 비중(예: 주식 60: 안전자산 **4**0)에 맞추어 기계적으로 자산을 재배치한다.

- 나는 본업에서 번 소득의 일부를 꾸준히 이 시스템에 수혈하여, 자본 소득의 엔진을 키워나간다.
- 나는 재무 관리는 시스템에 맡기고, 남는 에너지를 AI **학**습, 미**디**어 채널 운영, 취미의 직업화 등 미래 가치 R&D에 쏟는다.

실행 팁: 지금 당장 스마트폰 캘린더를 켜십시오. 향후 10년 동안의 **4**월 21일과 10월 21일에 '리밸런싱 데이' 알람을 등록하십시오. 그것이 당신의 독**립** 상장을 위한 가장 위대한 첫걸음입니다.

제이안의 한마디

투자는 머리로 하는 것이 아니라 엉덩이로, 그리고 견고한 시스템으로 하는 것입니다. 당신의 감정은 당신을 배신할 수 있지만, 자본주의의 우상향 역사와 정교한 리밸런싱 시스템은 결코 당신을 배신하지 않습니다. 시스템 위에서 춤추는 경영자가 되십시오.

16

S&P 500과 나스닥,
글로벌 우량주를 당신의 우군으로

1. 1인 기업의 파트너십: 애플과 마이크로소프트를 대리인으로 고용하라

1인 기업의 가장 큰 약점은 '규모의 경제'를 누릴 수 없다는 것입니다. 혼자서 기획하고, 생산하고, 마케팅하는 당신은 거대 자본과 인력을 가진 대기업과 정면 승부해서 승리하기 어렵습니다. 하지만 자본주의의 영리한 규칙을 활용하면 이야기가 달라집니다. 당신은 직접 수천 명의 직원을 고용할 순 없지만, 전 세계에서 가장 유능한 인재들이 모여 있는 기업들의 '주인'이 됨으로써 그들의 노동력을 당신의 수익으로 치환할 수 있습니다.

애플이 아이폰을 팔아 수익을 내고, 마이크로소프트와 엔비디아가 AI 혁명을 주도하며 전 세계의 부를 쓸어 담을 때, 그 결실의 일부가 당신의 계좌로 흘러들어오게 만드는 것. 이것이 바로 1인 기업가가 글로벌 우량주를 '우군'으로 삼아야 하는 본질적인 이유입니다. 당신이 사무실에서 AI 툴을 배우고 유튜브 영상을 편집하는 동안, 당신의 파트너인 글로벌 빅테크 기업들은 전 세계 시장을 누비며 당신의 자산을 불려줍니다. 당신은 혼자가 아닙니다. 당신 뒤에는 전 세계 시가총액 1위부터 500위까지의 초우량 기업들이 든든한 지원군으로 버티고 있습니다.

2. 제이안의 핵심 포트폴리오: [60 : 40] 시스템의 정밀 해부

제가 오랜 시간 검증하고 강조해 온 재무 시스템의 정수는 [공격 자산 60 : 방어 자산 40]의 황금 비율입니다. 1인 기업가로서 당신이 독립 상장을 꿈꾼다면, 이 비율은 당신의 인생을 지탱하는 가장 견고한 설계도가 되어야 합니다.

■ 공격 자산 (60%): 자본주의의 심장과 엔진

공격 자산의 핵심은 미국 시장을 대표하는 두 개의 거대 지수, **S&P 500**과 **나스닥 100**입니다.

- **S&P 500 (티커: VOO, IVV, SPY):** 미국을 대표하는 500개 기업의 집합체입니다. 이것은 자본주의의 '바닥'이자 '생존 본능' 그 자체입니다. 특정 기업은 망할 수 있지만, 미국을 대표하는 500개 기업이 동시에 망할 가능성은 제로에 가깝습니다. VOO나 IVV 같은 저비용 ETF를 통해 당신은 인류 역사상 가장 강력한 경제 생태계의 지분을 소유하게 됩니다.

- **나스닥 100 (티커: QQQ):** 혁신과 기술의 상징입니다. 당신이 1인 기업가로서 AI를 도구로 삼듯, QQQ는 AI, 클라우드, 바이오 등 미래를 바꿀 기술주들의 집합입니다. S&P 500이 안정적인 지지대라면, 나스닥 100은 당신의 자산을 폭발적으로 성장시킬 '터보 엔진'입니다. 저는 이 60%의 비중 내에서 S&P 500과 나스닥 및 국내 코스피 추종 EFT을 적절히 배분(예: 3:3 또는 4:2)하고, 미국채 혹은 한국채 EFT로 포트폴리오를 구성해서 안정성과 성장성을 동시에 잡을 것을 권장합니다.

■ 방어 자산 (40%): 시장의 폭풍을 견디는 방패

주식 시장이 항상 좋을 순 없습니다. 하락장이 왔을 때 1인 기업가의 멘탈을 지켜주는 것은 방어 자산입니다.

- **미국 종합채권 (티커: AGG, BND)**: 주식과 반대로 움직이는 성향이 있어 포트폴리오의 변동성을 줄여줍니다. 시장이 흔들릴 때 따박따박 들어오는 이자 수익은 당신에게 심리적 해자를 제공합니다.
- **금 (티커: IAU, GLD)**: 화폐 가치가 떨어지는 인플레이션 시대의 영원한 안전자산입니다.
- **달러 현금**: 위기 상황에서 가장 강력한 유동성을 제공합니다.

3. 왜 이 종목들이 1인 기업가에게 최적인가?

1인 기업가인 당신의 가장 귀한 자원은 '시간'과 '집중력'입니다. 개별 종목을 분석하느라 밤을 새우고, 뉴스 한 줄에 가슴을 졸이는 것은 경영자의 올바른 자세가 아닙니다.

- **자동 리밸런싱 기능**: S&P 500과 나스닥 지수는 스스로 리밸런싱을 합니다. 성과가 안 좋은 기업은 지수에서 퇴출하고, 무섭게 성장하는 신생 기업을 알아서 편입합니다. 당신이 신경 쓰지 않아도 지수 자체가 '최고의 포트폴리오'를 유지해 줍니다.
- **저비용 고효율**: VOO나 QQQ 같은 ETF의 운용 보수는 매우 낮습니다. 당신은 아주 적은 비용으로 전 세계 최고의 펀드매니저들이 관리하는 것보다 나은 수익률을 기대할 수 있습니다.
- **무한한 확장성**: 당신의 1인 기업 매출이 적든 많든, 이 시스템은 똑같

나라는 기업을 상장하라

이 작동합니다. 매출이 늘어날수록 시스템에 투입되는 자본의 양을 늘리기만 하면 됩니다. 구조를 바꿀 필요가 없습니다.

당신이 AI로 업무를 자동화하듯, 재무 또한 글로벌 지수라는 알고리즘에 맡기십시오. 그것이 당신이 'N개의 직업'을 창출하고 유튜브 채널을 키우며 취미를 비즈니스화하는 데 온전히 몰입할 수 있게 해주는 유일한 길입니다.

4. 제이안의 통찰: 지수는 인류의 진보를 먹고 자란다

우리가 S&P 500과 나스닥을 선택하는 본질적인 이유는 '인류의 진보'를 믿기 때문입니다. 내일은 오늘보다 더 나은 기술이 나올 것이고, 기업들은 더 효율적인 방식으로 이익을 창출할 것입니다. 당신이 1인 기업가로서 하루하루 성장하려 노력하는 것처럼, 글로벌 우량 기업들도 생존과 성장을 위해 처절하게 사투를 벌입니다.

당신의 '나 주식회사'는 이 거대한 흐름에 무임승차하는 것이 아닙니다. 당신은 그들의 주주로서 자본을 공급하고, 그 대가로 그들이 창출한 부를 배당과 시세 차익으로 나누어 갖는 정당한 파트너입니다. 노동 소득의 속도는 결코 자본 소득을 이길 수 없지만, 노동 소득을 통해 얻은 자본을 이 '승리하는 팀'에 배치하는 순간, 당신은 이미 절반의 성공을 거둔 셈입니다.

4월 21일과 10월 21일, 당신의 재무 시스템을 점검하며 확인하십시오. 당신의 우군들이 얼마나 열심히 영토를 확장하고 있는지, 그리고 그 결실이 당신의 독립 자금을 얼마나 두텁게 만들고 있는지 말입니다. 이 확신이 있을 때 당신은 회사라는 울타리를 넘어, 진짜 세상이라는 시장에 당신의 이름을 자신 있게 상장할 수 있습니다.

'나 주식회사' 사내 재무팀을 위한 티커(Ticker) 가이드

1인 기업가 상장을 준비하는 당신이 반드시 기억해야 할 핵심 종목 리스트입니다.

1. 공격수 (성장과 수익)

VOO (Vanguard S&P 500 ETF): 가장 낮은 수수료로 미국 우량주 500개에 투자. 든든한 주력군.

QQQ (Invesco QQQ Trust): 나스닥 100 지수 추종. AI와 혁신 기술의 정수. 폭발적인 공격수.

2. 수비수 (방어와 안정)

AGG (iShares Core U.S. Aggregate Bond ETF): 미국 전체 채권 시장에 투자. 하락장의 방패.

IAU (iShares Gold Trust): 금 현물 투자. 인플레이션과 경제 위기의 보험.

3. 운영 원칙

비중 준수: 주식(VOO+QQQ) 60% : 안전자산(AGG+IAU) 40%의 비율을 생명처럼 지키십시오.

배당 재투자: 이 종목들에서 나오는 배당금은 절대 소비하지 마십시오. 다시 시스템에 투입하여 복리의 눈덩이를 키워야 합니다.

감정 배제: 주가가 오를 때 QQQ를 더 사고 싶고, 내릴 때 AGG를 다 팔고 싶은 마음이 든다면, 그것은 당신의 사내 재무팀을 해고하려는 위험한 시도입니다.

[*Action Plan*] 글로벌 우군 영입 및 시스템 가동표

오늘 당장 당신의 계좌에 전 세계 최고의 기업들을 파트너로 등록하십시오.

단계	실행 항목	구체적인 방법	완료여부
1단계	증권 계좌 글로벌화	해외 주식 거래가 가능한 계좌 개설 및 환전세팅	[ ]
2단계	포트폴리오 확정	VOO, QQQ, AGG, IAU의 세부 비중 설정 (예:30:30:30:10)	[ ]
3단계	적립식 매수 시작	매달 월급의 일정액(30% 이상 권장)을 기계적으로 매수	[ ]
4단계	리밸런싱 예약	4월 21일과 10월 21일에 알람 설정 및 원칙숙지	[ ]

실행 팁: 처음 시작할 때는 금액이 적어 보일 수 있습니다. 하지만 기억하십시오. 당신이 VOO 1주를 사는 순간, 당신은 마이크로소**프**트의 빌 게이츠, 애플의 팀 쿡, 엔비**디**아의 젠슨 황을 당신의 직원으로 부리는 것과 같습니다. 이보다 훌륭한 창업 준비가 어**디** 있겠습니까?

제이안의 한마디

1인 기업가는 작게 생각하면 프리랜서에 그치지만, 크게 생각하면 글로벌 자본의 지휘관이 됩니다. S&P 500과 나스닥이라는 거대한 파도에 당신의 서판을 올리십시오. 그 파도가 당신을 경제적 자유라는 해안가로 데려다줄 것입니다. 당신은 오직 당신의 가치를 상장하는 데만 집중하십시오. 재무는 당신의 우군들이 책임질 것입니다.

17.

[사업 다각화]

본업이라는 캐시카우를 활용해
'부캐' 프로젝트 시작하기

1. '나 주식회사'의 BCG 매트릭스: 월급은 당신의 벤처 자금이다

경영학에는 기업의 사업 포트폴리오를 분석하는 'BCG 매트릭스'라는 도구가 있습니다. 여기서 가장 중요한 개념 중 하나가 '캐시카우(Cash Cow)'입니다. 시장 점유율은 높지만 성장성은 낮은 사업부로, 여기서 창출된 막대한 현금을 미래 성장 동력인 '스타(Star)'나 '물음표(Question Mark)' 사업에 쏟아붓는 것이 기업 경영의 정석입니다.

당신이라는 기업에 있어 현재의 직장은 완벽한 캐시카우입니다. 매달 정해진 날짜에 들어오는 월급은 당신의 생계를 유지해 줄 뿐만 아니라, 당신이 꿈꾸는 '부캐' 프로젝트를 실험하고 확장할 수 있게 해주는 가장 안정적인 '엔젤 투자금'입니다.

충동적으로 사표를 던지는 것은 당신 기업의 유일한 캐시카우를 스스로 도축하는 것과 같습니다. 현명한 CEO는 캐시카우가 튼튼할 때 신사업을 시작합니다. 회사를 다니며 얻는 안정적인 현금 흐름과 사회적 지위, 그리고 인프라를 활용해 당신만의 'N개 엔진'을 예열하십시오. 직장은 당신의 꿈을 가로막는 장애물이 아니라, 당신의 독립을 지원하는 가장 든든한 '재무적 파트너'여야 합니다.

2. 본업의 효율화: 신사업을 위한 '시간 자본' 확보 전략

부캐 프로젝트를 시작하기 위해 가장 먼저 필요한 자본은 돈이 아니라 '시간'입니다. 하지만 많은 직장인이 업무에 치여 시간이 없다고 호소합니다. 여기서 1인 기업가로서의 첫 번째 경영 능력이 시험대에 오릅니다. 바로 '본업의 효율화'입니다.

부캐 프로젝트를 성공시키는 사람들은 본업을 대충 하지 않습니다. 오히려 누구보다 압도적인 효율로 본업을 처리합니다. 이들은 AI 툴을 적극적으로 도입하여 8시간 걸릴 업무를 3~4시간으로 단축합니다.

- **AI 자동화 활용:** 반복적인 보고서 작성, 데이터 정리, 메일 응대를 AI에게 맡기십시오.
- **업무의 모듈화:** 매번 새로 고민하지 않도록 자신만의 업무 템플릿을 만드십시오.

이렇게 확보한 '잉여 시간'은 회사가 주는 보너스가 아니라, 당신이 스스로 창출한 '투자 자본'입니다. 사무실 책상에 앉아 있는 시간 중 일부를 당신의 신사업 R&D 시간으로 확보하는 것, 그것이 사업 다각화의 위대한 시작입니다.

3. 네 가지 신사업 엔진: 상장을 위한 'N-Project' 가동법

캐시카우(월급)가 돌아가는 동안, 당신은 다음 네 가지 '스타' 사업부를 당신의 기업 내에 설치해야 합니다.

첫째, '지식 콘텐츠' 사업부 (유튜브 및 미디어)

본업에서 쌓은 노하우나 당신의 독특한 취미를 콘텐츠로 만드십시오. 유튜브 채널은 당신이라는 기업의 마케팅 본부입니다. 구독자가 늘어날수록 당신의 브랜드 가치(시가총액)는 상승합니다. 당장 수익이 나지 않아도 괜찮습니다. 캐시카우인 월급이 당신의 장비 구입비와 편집 외주비를 감당해 주기 때문입니다.

둘째, 'AI 기반 솔루션' 사업부

단순히 AI를 쓰는 수준을 넘어, 당신의 전문 분야에 AI를 결합한 유료 서비스를 기획해 보십시오. 전자책, 챗봇 가이드, 혹은 특정 문제를 해결해 주는 자동화 도구 등이 될 수 있습니다. 이는 당신의 노동력을 투입하지 않아도 매출이 발생하는 '진짜 현금 흐름'의 시작점이 됩니다.

셋째, '취미의 직업화' 사업부

돈을 받지 않아도 즐겁게 하던 일을 수익 모델로 전환해 보십시오. 운동, 요리, 정리, 상담 등 무엇이든 좋습니다. 아주 작은 단위의 원데이 클래스나 온라인 모임을 열어 보십시오. 회사의 간판 없이 오직 당신의 이름으로 단돈 1,000원을 벌어보는 경험은, 당신을 '월급 중독'에서 해방시켜 줄 강력한 해독제가 됩니다.

넷째, '사내 재무팀' (시스템 투자)

앞서 구축한 자산 배분 포트폴리오를 묵묵히 지켜나가는 것입니다. 월급의 일부를 기계적으로 떼어 글로벌 우량주 시스템에 수혈하십시오. 본업이라는 캐시카우가 마르기 전에, 자산 스스로 증식하는 '자본 엔진'을 완성해야 합니다. 이 재무적 기초가 튼튼해야만 부캐 프로젝트가 흔들릴 때 포기하지 않고 끝까지 완주할 수 있습니다.

4. 제이안의 통찰: '부캐'는 당신의 몸값을 올리는 가장 빠른 리밸런싱이다

투자 포트폴리오를 리밸런싱하듯, 당신의 인생 포트폴리오도 리밸런싱이 필요합니다. 오직 한 직장에만 매몰된 삶은 변동성이 극심한 단일 종목에 몰빵 투자한 것과 같습니다. 부캐 프로젝트는 당신의 인생을 다각화하여 리스크를 낮추고 수익성을 극대화하는 가장 완벽한 전략입니다.

본업에서 배운 지식을 부캐에 적용하고, 부캐에서 얻은 창의적인 인사이트를 다시 본업의 성과로 연결하십시오. 이 선순환이 일어날 때 당신은 단순히 'N잡러'가 되는 것이 아니라, 여러 개의 수익원을 유기적으로 연결하는 '플랫폼형 인간'으로 상장됩니다.

회사는 당신을 하나의 부품으로 쓰려 하겠지만, 당신은 회사를 당신의 거대한 실험실로 쓰십시오. 본업의 월급으로 부캐의 리스크를 상쇄하고, 부캐의 성장으로 본업의 한계를 돌파하십시오. 이 하이브리드 전략이야말로 자본주의라는 거친 바다에서 '나라는 기업'을 가장 안전하고 화려하게 성장시키는 비결입니다.

'나 주식회사' 다각화 경영자를 위한 3대 수칙

본업을 지키면서 부캐를 성공적으로 인큐베이팅하기 위한 제이안의 실전 제언입니다.

1. '본업 훼손 금지'의 원칙
부캐를 한다고 본업을 소홀히 하여 회사에서 평판이 깎이는 것은 하책(   )입니다. 본업을 완벽하게 처리하여 '누구도 건드릴 수 없는 자유'를 획득하십시오. 유능한 사람에게는 자유가 주어집니다. 그 자유를 부캐를 위한 R&D 시간으로 전용하십시오.

2. '수익'보다 '시스템'에 집중하라
초기 부캐 **프**로젝트에서 당장 큰돈을 벌려 하지 마십시오. 대신 당신이 없어도 돌아가는 시스템(콘텐츠 자동화, AI 활용 등)을 만드는 데 집중하십시오. 캐시카우가 있는 지금이 바로 수익에 연연하지 않고 견고한 시스템을 설계할 수 있는 유일한 기회입니다.

3. '재무 방패'를 정기적으로 **점검**하라
부캐 **프**로젝트에 몰입하다 보면 정작 중요한 자산 관리 시스템을 잊기 쉽습니다. 하지만 기억하십시오. 부캐는 공격수고, 시스템 투자는 골키퍼입니다. 정해진 원칙에 따라 자산을 배분하고 리밸런싱하는 루틴은 당신의 독**립** 상장 날짜를 앞당겨 주는 가장 정직한 지표입니다.

나라는 기업을 상장하라

<u>*[Action Plan]*</u> '나 주식회사' 사업 다각화 로드맵

현재의 캐시카우를 활용해 어떤 신사업을 시작할지 구체적으로 설계해 보십시오.

사업부 구분	현재 상태	6개월 뒤 목표	핵심 실행 과제
캐시카우 (본업)	8시간 업무집중	4시간 효율화 완성	AI 툴 도입 및 업무자동화
스타 (지식 미디어)	눈팅만 하는 중	유튜브/블로그 정기 업로드	주 1회 전문 인사이트공시
물음표 (부캐/N잡)	아이디어만 있음	유료 서비스 1개 런칭	취미를 활용한 베타테스트
재무팀 (시스템투자)	적금 위주	자산 배분 시스템 안착	수입 30% 시스템 투자 실행

실행 팁: 오늘 당장 본업 업무 중 하나를 AI로 자동화해 보십시오. 거기서 얻은 단 30분의 여유 시간이 당신의 부캐 **프**로젝트를 키우는 첫 번째 '씨앗 자본'이 될 것입니다.

제이안의 한마디

회사가 당신의 전부가 되게 하지 마십시오. 하지만 회사를 당신의 가장 든든한 후원자로 만드십시오. 본업이라는 비옥한 토양 위에 부캐라는 다양한 나무를 심으십시오. 당신의 인생이 하나의 숲이 되는 그날, 상장의 종소리는 누구보다 크게 울려 퍼질 것입니다.

18.
- - - -
[레버리지]
- - - - - - - -

시간은 사고, 지식은 빌려라:
사장처럼 일하는 법

1. '노동의 함정'에서 '경영의 도구'로 이동하라

1인 기업가로 독립을 준비하는 과정에서 대다수가 겪는 첫 번째 난관은 '시간의 물리적 한계'입니다. 17에서 다룬 것처럼 본업을 유지하며 부캐 프로젝트(유튜브, AI 솔루션, 취미 비즈니스 등)를 병행하다 보면, 하루 24시간이 모자라 결국 건강을 해치거나 본업과 부캐 모두 흐지부지되는 '운영의 위기'를 맞게 됩니다.

이때 필요한 것이 바로 레버리지(Leverage, 지렛대)입니다. 사장처럼 일한 다는 것은 모든 일을 내 손으로 완벽하게 처리하는 것이 아니라, 결과물을 만들어내는 프로세스를 설계하고 가장 효율적인 도구에 그 일을 맡기는 것입니다. 주식 시장에서 기업이 부채(Leverage)를 적절히 활용해 자기자본이익률(ROE)을 극대화하듯, 1인 기업가는 AI와 자본 시스템이라는 지렛대를 이용해 자신의 '시간당 가치'를 폭발시켜야 합니다. 사장은 '노동'하는 사람이 아니라 '레버리지를 결정'하는 사람입니다.

나라는 기업을 상장하라

2. 시간 레버리지: AI라는 무한한 '디지털 복제인간'을 고용하라

1인 기업가에게 가장 비싼 비용은 대표인 당신의 시간입니다. 당신의 시간은 오직 '창의적인 기획'과 '최종 의사결정'에만 쓰여야 합니다. 이를 위해 가장 먼저 실행해야 할 레버리지는 AI를 통한 **시간 구매**입니다.

첫째, 정보 수집과 가공의 레버리지입니다. 과거에는 보고서 하나를 쓰기 위해 서너 시간을 검색과 자료 정리에 쏟아야 했습니다. 하지만 이제는 AI에게 특정 주제에 대한 시장 조사와 요약을 맡기십시오. 당신은 AI가 정리해온 데이터에서 '인사이트'만 골라내면 됩니다. 이것은 단순한 편리함이 아니라, 당신의 뇌가 본질적인 전략 구상에만 몰입할 수 있도록 '자유로운 시간'을 시장에서 사 오는 행위입니다.

둘째, 콘텐츠 생산의 레버리지입니다. 유튜브 대본을 쓰고, 블로그 포스팅을 하고, SNS 홍보 문구를 만드는 일은 엄청난 에너지를 소모합니다. 사장처럼 일하는 사람은 직접 글을 쓰기보다 AI에게 초안(Draft)을 작성하게 하고, 자신은 그것을 검수(Edit)하고 자신의 색깔을 입히는 '데스크' 역할을 수행합니다. AI라는 복제인간을 수십 명 고용하여 당신의 목소리를 동시다발적으로 세상에 퍼뜨리는 구조를 만드십시오.

회사를 다니는 지금, 회사의 업무를 AI로 처리하며 남는 시간을 확보해 보십시오. 그 확보된 시간이 바로 당신의 부캐 프로젝트를 궤도에 올릴 '투자 원천'이 됩니다.

3. 지식 레버리지: 0에서 배우지 말고, 이미 완성된 **지식**을 '렌탈'하라

1인 기업가들이 빠지기 쉬운 또 다른 늪은 '완벽주의적 공부'입니다. 유

2부 가치 제고 - 대체 불가능한 해자와 재무 시스템 구축

튜브를 시작하려면 영상 편집을 독학해야 하고, AI 서비스를 만들려면 코딩을 배워야 한다고 생각합니다. 하지만 사장의 마인드는 다릅니다. 지식은 소유하는 것이 아니라 **빌려 쓰는 것**입니다.

첫째, 마이크로 전문가의 힘을 빌리십시오. 직접 편집 기술을 배우는데 100시간을 쓰기보다, 그 시간에 당신만의 전문 콘텐츠 기획에 집중하고 편집은 전문 플랫폼의 프리랜서나 자동 편집 AI에게 맡기십시오. 당신의 시급보다 낮은 비용으로 해결할 수 있는 일이라면, 지체 없이 지식을 '구매'해야 합니다. 그것이 1인 기업의 성장을 가속하는 비결입니다.

둘째, 커뮤니티와 미디어의 집단지성을 레버리지하십시오. 전 세계 전문가들의 노하우가 유튜브와 전문 커뮤니티에 널려 있습니다. 당신이 겪고 있는 문제는 이미 누군가 해결해 놓았을 확률이 99%입니다. 처음부터 바퀴를 다시 발명하려 하지 마십시오. 검증된 전문가들의 지식 체계를 당신의 비즈니스 모델에 이식(Copy & Paste)하고, 당신은 그 위에 '차별화된 가치' 한 방울만 더하면 됩니다. 지식을 빌려오는 속도가 당신 기업의 성장속도를 결정합니다.

4. 자본 레버리지: 자산 시스템이라는 '사내 재무팀'의 무한 동력

가장 강력하고 필수적인 레버리지는 역시 **자본**입니다. 제가 강조하는 자산 배분과 시스템 투자는 1인 기업가에게 단순한 재테크 이상의 의미를 갖습니다. 이것은 당신의 노동력을 대체하는 '영구적 레버리지'입니다.

17에서 언급한 본업(캐시카우)을 통해 얻은 수익을 기계적으로 글로벌 우량주 시스템에 투입하십시오. 이 시스템은 당신이 잠든 사이에도, 당신이 부캐 프로젝트의 슬럼프에 빠져 방황하는 사이에도 묵묵히 전 세계의 부를 수집해 옵니다.

- **복리의 지렛대:** 초기에 투입된 작은 자본은 시간이 흐를수록 복리라는 지렛대를 통해 거대한 자산으로 변모합니다.
- **심리적 지렛대:** 자산 시스템에서 나오는 배당과 수익이 당신의 생활비를 감당하기 시작하면, 당신은 비로소 '돈을 벌기 위한 일'에서 '가치를 만들기 위한 일'로 전환할 수 있는 무한한 용기를 얻게 됩니다.

사장처럼 일한다는 것은 내 몸값(주가)을 올리는 공격(R&D)과 동시에, 내 자본이 나를 위해 일하게 만드는 수비(시스템 투자)를 완벽하게 결합하는 것입니다. 이 두 지렛대가 동시에 작동할 때, 당신은 비로소 '노동자'의 굴레를 벗어나 '자본가'의 반열에 오르게 됩니다.

5. 제이안의 통찰: 레버리지는 당신의 '시가총액'을 결정하는 멀티플(Multiple)이다

주식 시장에서 어떤 기업은 순이익의 10배(PER 10)를 평가받지만, 어떤 기업은 50배(PER 50)를 평가받습니다. 그 차이는 무엇일까요? 바로 '확장성(Scalability)'입니다. 대표 혼자의 노동력에 의존하는 기업은 확장성이 낮아 낮은 멀티플을 받습니다. 반면 AI, 지식 네트워크, 자본 시스템이라는 레버리지를 활용해 수익을 무한히 복제할 수 있는 기업은 높은 멀티플을 받습니다.

회사를 다니는 지금, 당신의 업무 현장에서 레버리지를 실험하십시오.

AI를 통해 본업의 시간을 반으로 줄였는가? (시간 레버리지)

타인의 전문성을 내 콘텐츠에 녹여냈는가? (지식 레버리지)

월급의 일부가 나 대신 일하는 글로벌 우량주로 변환되었는가? (자본 레버리지)

이 세 가지 질문에 자신 있게 "예"라고 답할 수 있을 때, 당신이라는 기업의 시가총액은 기하급수적으로 늘어나기 시작합니다. 사장은 모든 일을 잘하는 사람이 아니라, 모든 일을 가장 잘할 '도구'와 '시스템'을 찾아내어 배치하는 설계자입니다. 오늘부터 당신의 손에서 도구를 내려놓고, 지휘봉을 잡으십시오. 그것이 당신의 기업을 성공적으로 시장에 상장시키는 유일한 길입니다.

사장의 도구상자: 1인 기업가를 위한 레버리지 실행 강령

직장에서 1인 기업가로 거듭나기 위해 지금 당장 실천해야 할 3가지 운영 원칙입니다.

1. '하기 싫은 일'이 아닌 '가치가 낮은 일'부터 외주화하라
우리는 흔히 하기 싫은 일을 남에게 맡기려 합니다. 하지만 사장은 '가치가 낮은 일(Low Value Task)'부터 레버리지합니다. 단순 데이터 입력, 단순 편집, 일정 관리 등은 AI나 자동화 툴에 맡기고 당신은 오직 '전략과 창의'에만 집중하십시오.

2. '독학'의 저주에서 벗어나라
어떤 기술을 배우기 위해 며칠 밤을 새우는 것은 직장인의 마인드입니다. 사장은 그 기술을 5분 만에 해결해 줄 유료 툴이나 전문가의 가이드를 찾습니다. 돈으로 시간을 살 수 있다면, 그것은 세상에서 가장 수익률 높은 투자입니다.

3. '재무 시스템'의 보고서를 매달 승인하라
당신의 사내 재무팀(자산 시스템)이 당신의 원칙대로 잘 돌아가고 있는지 정기적으로 확인하십시오. 정해진 비중에 따라 자본이 배분되고 리밸런싱되는 과정은, 당신이 어떤 외부 충격에도 흔들리지 않고 경영에 몰입할 수 있게 해주는 '재무적 자신감'의 근원입니다.

당신의 현재 업무 중 무엇을 지렛대로 대체할 것인지 구체적으로 명시하십시오.

현재 노동 방식 (Before)	레버리지 도구 (Leverage)	기대 효과 (After)	실행 첫걸음
직접 자료 검색 및 정리	AI 리서치 툴/ 챗 GPT	조사 시간 80% 단축	전문 프롬프트 10개 제작
영상/ 디자인 독학	템플릿 활용/ 전문툴	생산 속도 3배 향상	유료 템플릿 구독 및 활용
모르는 분야 무작정 공부	전문가 유튜브/ 유료 강의	시행착오 6개월 단축	해당 분야 Top 3 전문가 팔로우
수입 전액 저축/소비	글로벌 자산 배분 시스템	노동 대체 소득 창출	자산 비중 설정 및 자동이체

실행 팁: "이 일을 AI가 한다면?", "이 일을 전문가가 한다면?"이라는 질문을 끊임없이 던지십시오. 당신이 직접 하는 일을 하나씩 지워나갈수록 당신 기업의 시가 총액은 올라갑니다.

제이안의 한마디

레버리지는 당신의 힘을 아끼는 기술이 아니라, 당신의 가치를 무한히 확장하는 기술입니다. 노동의 중력에서 벗어나 시스템의 추진력을 얻으십시오. 사장처럼 생각하고 사장처럼 도구를 부릴 때, 당신은 비로소 '나 주식회사'의 진정한 주인으로 시장에 상장될 수 있습니다.

19

[복리의 마법]

지식 복리와 자본 복리가
만나는 지점(Critical Point)

1. 복리는 '기다림'이 아니라 '시스템의 가동'이다

많은 사람이 복리를 단순히 '시간이 흐르면 돈이 불어나는 현상'으로 오해합니다. 하지만 1인 기업의 CEO인 당신에게 복리는 '성장의 가속도가 붙는 경영 시스템'이어야 합니다. 복리의 마법이 일어나기 위해서는 두 가지 전제 조건이 필요합니다. 첫째는 중단 없는 지속성이고, 둘째는 수익의 재투자입니다.

주식 시장에서 우량주가 배당을 주지 않고 그 돈을 다시 R&D에 쏟아부어 기업 가치를 폭발시키듯, '나 주식회사' 역시 발생하는 모든 이익과 지식을 다시 시스템에 투입해야 합니다. 복리의 그래프는 초반에는 지루할 정도로 완만하지만, 특정 임계점(Critical Point)을 지나는 순간 수직으로 상승합니다. 이 임계점에 도달하기 전까지 당신이 해야 할 일은 '자산이 나 대신 일할 수 있는 환경'을 완벽하게 구축하고 유지하는 것입니다. 복리는 당신의 인내심에 대한 보상이 아니라, 당신이 설계한 시스템의 효율성에 대한 결과물입니다.

2. 지식 복리의 엔진: AI와 미디어가 만드는 무형 자산의 증식

1인 기업가에게 가장 먼저 복리가 작동해야 할 영역은 '지식과 브랜드'입니다. 노동 소득은 내가 일한 만큼만 벌기에 산술급수적으로 증가하지만, 지식 자산은 한 번 구축해 놓으면 시간이 흐를수록 복리로 자라납니다.

- **콘텐츠의 복리:** 당신이 유튜브에 올린 영상 한 편, 블로그에 쓴 칼럼 한 편은 사라지는 비용이 아닙니다. 이들은 인터넷 세상을 떠돌며 24시간 당신을 대신해 영업하고, 새로운 기회를 물어옵니다. 콘텐츠가 쌓일수록 당신의 신뢰도(Brand Equity)는 복리로 상승하며, 나중에는 작은 노력만으로도 거대한 매출을 일으키는 '멀티플(Multiple)'이 적용됩니다.
- **AI의 복리:** AI 툴을 업무에 도입하는 것도 복리적 관점에서 봐야 합니다. 오늘 프롬프트 하나를 정교하게 깎아 업무 시간을 10분 단축했다면, 그 10분은 내일의 R&D 자본이 됩니다. 이렇게 확보된 시간이 다시 더 정교한 자동화 시스템을 만드는 데 투입될 때, 당신의 생산성은 기하급수적으로 폭발합니다. 이것이 바로 기술이 만드는 '시간의 복리'입니다.

회사를 다니는 지금, 이 지식 복리의 씨앗을 뿌리십시오. 낮에는 회사의 인프라를 활용해 시장의 언어를 배우고, 밤에는 당신만의 지식 자산을 미디어에 기록하십시오. 이 기록들이 서로 연결되어 거대한 네트워크 효과를 일으키는 순간, 당신은 비로소 '나라는 기업'의 상장을 선포할 수 있습니다.

3. 금융 복리의 방패: 자본이 스스로 일하게 만드는 재무 경영

지식 복리가 당신의 몸값(주가)을 올리는 공격수라면, 금융 복리는 당신의 기업을 지탱하는 견고한 수비수이자 재무팀입니다. 제가 강조하는 글로벌 우량주 자산 배분 시스템은 자본주의의 성장 에너지를 당신의 개인 복리와 연결하는 가장 확실한 통로입니다.

- **낙낙(落落)하지 않은 재투자:** 전 세계 우량 기업들의 성장에 투자하는 S&P 500과 나스닥 지수는 그 자체로 복리 기계입니다. 여기서 발생하는 배당금과 시세 차익을 결코 소비로 낭비하지 마십시오. 수익을 다시 시스템에 투입하여 주식 수를 늘려나가는 행위는, 당신의 '돈의 군대'를 무한히 증식시키는 것과 같습니다.
- **변동성을 이기는 시스템의 힘:** 복리의 최대 적은 '손실'입니다. -50% 의 손실을 회복하려면 100%의 수익이 필요하기 때문입니다. 그래서 우리는 주식과 안전자산의 비중을 조절하는 시스템 경영을 해야 합니다. 정해진 원칙에 따라 자산을 재배치(Rebalancing)하는 루틴은, 하락장에서 당신의 자본을 지켜내어 복리의 흐름이 끊기지 않게 만드는 유일한 방어 기제입니다.

자본 소득이 당신의 생활비를 추월하는 '골든 크로스'의 순간, 당신의 자산은 비로소 독립된 인격체처럼 스스로 일하기 시작합니다. 이때부터 당신은 생계를 위한 노동이 아닌, 오직 가치 창출을 위한 창의적 활동에만 전념할 수 있는 '완전한 자유'를 얻게 됩니다.

4. 1인 기업 CEO의 3대 복리 경영 전략

복리의 마법을 현실로 만들기 위해 당신은 다음 세 가지 경영 원칙을 고수해야 합니다.

첫째, '임계점'까지 결코 멈추지 마십시오.

복리 그래프의 전반부는 매우 고통스럽습니다. 투입하는 노력에 비해 성과가 미미해 보이기 때문입니다. 유튜브 구독자가 늘지 않고, 투자 수익이 제자리걸음일 때 많은 이들이 포기합니다. 하지만 기억하십시오. 복리는 마지막 구간에서 가장 크게 터집니다. 회사를 다니는 안정적인 기간을 이 지루한 '복리의 전반부'를 견뎌내는 완충 지대로 삼으십시오.

둘째, 수익의 '성격'을 구분하고 재배치하십시오.

본업에서 나오는 월급(캐시카우)은 시스템 자산으로, 부캐 프로젝트(콘텐츠, AI 솔루션)에서 나오는 수익은 다시 비즈니스의 확장(장비 투자, 마케팅)으로 재배치하십시오. 돈의 성격에 따라 다른 복리 엔진에 태우는 것, 그것이 포트폴리오 다각화의 핵심입니다.

셋째, 당신의 '야성'과 '취미'를 사업화하는 복리를 누리십시오.

좋아하는 일을 직업으로 만드는 '취미의 직업화'는 지치지 않는 에너지를 제공합니다. 즐거움이 동력이 되면 노력은 고통이 아니라 유희가 됩니다. 이 즐거운 에너지가 콘텐츠와 만나 세상과 소통할 때, 당신의 퍼스널 브랜딩은 그 어떤 인위적인 마케팅보다 강력한 복리 효과를 냅니다.

5. 제이안의 통찰: 복리는 '시간'을 '자산'으로 바꾸는 연금술이다

우리는 모두 공평하게 하루 24시간을 부여받습니다. 하지만 누군가는 그 시간을 소비하여 사라지게 만들고, 누군가는 그 시간을 시스템에 투입하여 복리로 자라나게 만듭니다. 1인 기업가의 상장이란, 결국 당신의 24시간이 노동이 아닌 '시스템의 관리'로 채워지는 상태를 의미합니다.

AI를 배우는 시간, 유튜브 대본을 쓰는 시간, 그리고 정해진 원칙에 따라 자산을 점검하는 그 정직한 시간들은 결코 사라지지 않습니다. 그것들은 당신이라는 기업의 대차대조표에 '무형 자산'과 '금융 자산'으로 기록되어 복리의 마법을 준비합니다.

노동 소득의 속도는 결코 자본 소득의 속도를 이길 수 없지만, 당신이 오늘 뿌린 복리의 씨앗은 훗날 당신의 은퇴를 책임지는 거대한 숲이 될 것입니다. 지금 당장 당신의 시스템을 가동하십시오. 그리고 복리가 당신을 위해 일하게 하십시오. 당신은 그저 그 거대한 흐름을 경영하는 즐거움만 누리면 됩니다.

2부 가치 제고 - 대체 불가능한 해자와 재무 시스템 구축

'나 주식회사' 복리 가속화를 위한 3대 점검 지표

당신 기업의 복리 엔진이 정상적으로 작동하고 있는지 제이안의 시각으로 확인해 보십시오.

1. 재투자율 (Retention Ratio)
발생한 추가 수입(배당, 부업 수익 등) 중 얼마나 다시 시스템에 투입하고 있습니까?

- **90% 이상**: 초고속 복리 가속 구간. 상장 폐지 걱정 없는 우량주.
- **50% 내외**: 견실한 성장주. 시스템 안착 단계.
- 10% 이하: 복리의 혜택을 거의 누리지 못하는 정체기. 소비 습관을 리밸런싱해야 합니다.

2. 콘텐츠 자산의 누적 효과
과거에 만든 콘텐츠나 시스템이 오늘 새로운 고객이나 기회를 불러오고 있습니까? 만약 매일 새로운 일을 해야만 매출이 발생한다면 그것은 복리가 아닌 노동입니다. 당신의 지식이 쌓여 스스로 말을 거는 시스템을 구축하십시오.

3. 재무 시스템의 기계적 준수
시장의 소음에도 불구하고 당신의 자산 배분 원칙이 흔들림 없이 지켜지고 있습니까? 복리는 '중단되지 않을 때' 비로소 마법을 부립니다. 감정을 배제하고 숫자에 기반한 경영을 지속하는 것, 그것이 복리를 지키는 최고의 기술입니다.

[*Action Plan*] 나 주식회사 '복리 임계점' 돌파 로드맵

복리의 마법을 현실로 만들기 위한 3단계 실행 계획을 작성하십시오.

단계	핵심 목표	구체적 실행 방안	복리 효과 기대치
1단계: 씨앗 뿌리기	기초 자산 및 콘텐츠 확보	월급 30% 시스템 투자 + 주1회 전문 콘텐츠 발행	지식과 자본의 기초 체력 형성
2단계: 가속도 붙이기	부수입 창출 및 재투자	부업 수익 전액 자산 시스템투 입 및 AI 자동화 고도화	자산 증식 속도의 가시적 상승
3단계: 임계점 돌파	시스템 수익 > 생활비	자산 스스로 일하는 구조 완 성 및 완전한 독립 상장	노동에서의 완전한 해방

실행 팁: 복리의 전반부는 눈에 띄지 않습니다. 그래서 '기록'이 중요합니다. 매달 조금씩 불어나는 자산과 콘텐츠의 숫자를 기록하며, 당신의 엔진이 멈추지 않도록 스스로를 격려하십시오.

제이안의 한마디

복리는 신뢰의 게임입니다. 당신이 만든 시스템을 신뢰하고, 자본주의의 우상향 역사를 신뢰하며, 무엇보다 멈추지 않는 당신 자신을 신뢰하십시오. 오늘 당신이 시스템에 넣은 1만 원과 당신이 만든 1개의 콘텐츠는 10년 뒤 당신의 인생을 송두리째 바꿀 강력한 부메랑이 되어 돌아올 것입니다.

133

20.

[위기 관리]

금과 채권:

하락장에서도 견딜 수 있는 멘탈 방어막

1. 하락장은 당신의 비즈니스 의지를 꺾는 가장 큰 적이다

주식 시장의 폭락은 단순히 숫자의 하락만을 의미하지 않습니다. 그것은 인간의 자존감과 미래에 대한 확신을 갉아먹는 강력한 심리적 타격입니다. 특히 회사를 다니며 1인 기업가로 독립을 준비하는 예비 CEO들에게 하락장은 치명적입니다. 본업에서 스트레스를 받는 와중에 자산까지 반 토막이 나면, 사람들은 가장 먼저 '미래를 위한 R&D'를 포기합니다. "주식도 망했는데 무슨 유튜브야", "AI 배워서 뭐 하나, 당장 내 돈이 녹아내리는데"라는 패배주의가 당신의 성장을 멈추게 합니다.

1인 기업가에게 위기 관리란 단순히 돈을 잃지 않는 기술이 아닙니다. 어떤 최악의 시장 상황에서도 당신이 계획한 'N개의 엔진(AI, 미디어, 취미 사업)'을 멈추지 않고 가동할 수 있게 해주는 '멘탈 방어막'을 구축하는 일입니다. 이 방어막의 핵심 재료가 바로 **채권**과 **금**입니다. 이들은 당신의 포트폴리오에서 화려한 수익을 내지는 못하지만, 시장이 피바다가 될 때 당신의 영혼을 지켜주는 든든한 '안전 요원' 역할을 수행합니다.

134

나라는 기업을 상장하라

2. 채권이라는 방패: 변동성을 제어하는 사내 재무팀의 비기

많은 투자자가 주식의 화려한 수익률에 매료되어 채권을 지루한 자산으로 치부합니다. 하지만 1인 기업의 CEO라면 채권을 '안정적인 현금 흐름을 보장하는 보험'으로 인식해야 합니다.

- **상관관계의 마법:** 주식과 채권은 일반적으로 반대로 움직이는 성향이 있습니다. 경제 위기가 와서 주식 시장이 패닉에 빠지면, 투자자들은 안전한 곳을 찾아 국채로 몰립니다. 이때 채권 가격이 상승하며 주식의 하락분을 상쇄해 줍니다.
- **심리적 쿠션:** 내 계좌가 -30% 찍히는 것과, 채권이 버텨주어 -10%에 머무는 것은 천지 차이입니다. -10%는 견딜 수 있는 '변동성'이지만, -30%는 일상을 파괴하는 '공포'가 됩니다. 채권은 당신이 하락장에서도 밤잠을 설치지 않고 다음 날 아침 일찍 일어나 AI 프롬프트를 연구하고 영상 편집을 할 수 있게 해주는 '수면제'와 같습니다.
- **리밸런싱의 실탄:** 채권의 진짜 가치는 하락장에서 빛납니다. 주식이 헐값이 되었을 때, 가격이 오른 채권을 팔아 주식을 싼값에 매수할 수 있는 '실탄'이 되어주기 때문입니다. 이것이 바로 시스템 경영이 본능을 이기고 수익을 확정하는 방식입니다.

3. 금이라는 최후의 보루: 인플레이션과 불확실성에 대한 완벽한 해지

금은 인류 역사가 시작된 이래 단 한 번도 가치가 '0'이 된 적이 없는 유일한 자산입니다. 화폐는 정부의 신용에 따라 종잇조각이 될 수 있고, 기업은 부도가 날 수 있지만, 금은 그 자체로 절대적인 가치를 지닙니다. 1인 기업가에게 금은 두 가지 측면에서 필수적입니다.

- **인플레이션 방어:** 중앙은행이 돈을 찍어낼수록 화폐 가치는 떨어지지만, 금의 가치는 보존됩니다. 당신이 노동으로 번 돈의 구매력을 미래까지 온전히 보존하고 싶다면, 포트폴리오의 일정 부분을 반드시 금으로 채워야 합니다.
- **블랙 스완(Black Swan) 대비:** 전쟁이나 금융 시스템의 붕괴 같은 예측 불가능한 재난이 닥칠 때, 금은 전 세계 어디서나 통용되는 최후의 결제 수단이 됩니다. "최악의 상황에서도 나는 생존할 수 있다"는 확신은 1인 기업가에게 엄청난 담력을 선사합니다. 이 담력이 있어야만 남들이 두려워할 때 과감하게 자신의 비즈니스에 베팅할 수 있습니다.

4. 하락장에서 1인 기업가가 승리하는 법: '방어'가 곧 '공격'이다

위대한 기업은 호황기가 아니라 불황기에 시장 점유율을 확대합니다. 경쟁자들이 공포에 질려 마케팅 예산을 줄이고 몸을 사릴 때, 탄탄한 재무 구조를 가진 기업은 오히려 공격적으로 투자합니다. 1인 기업가인 당신도 그래야 합니다.

만약 당신의 자산이 글로벌 우량주 60%, 채권과 금 40%로 정교하게 배분되어 있다면, 하락장은 위기가 아니라 '위대한 세일 기간'이 됩니다. 시스템 원칙에 따라 비중이 높아진 채권과 금을 일부 매도하고, 반 토막 난 나스닥과 S&P 500의 지분을 더 확보하십시오.

이때 중요한 것은 당신의 본업(R&D)에 대한 태도입니다. 재무 시스템이 당신의 자산을 방어해 주는 동안, 당신은 남들이 주식 창을 보며 한숨 쉴 때 AI 툴을 하나 더 익히고, 유튜브 영상 하나를 더 올리며, 취미를 수익화할 모델을 정교화하십시오. 자산 시스템이 '돈'의 복리를 지키는 동안, 당신은 '실력'의 복리를 쌓는 것입니다. 시장이 회복되는 순간, 당신의 자산과 당신의 몸값은 동시에 수직 상승하며 누구도 따라올 수 없는 격차를 만들어낼 것입니다.

5. 제이안의 통찰: 시스템은 당신의 멘탈을 '외주화'하는 것이다

인간은 약합니다. 자신의 의지만으로 하락장의 공포를 이겨낼 수 있는 사람은 극소수입니다. 그래서 우리는 시스템을 가동해야 합니다. 채권과 금을 포트폴리오에 편입하고, 정해진 원칙에 따라 기계적으로 비중을 조절하는 행위는 당신의 고통스러운 고민을 시스템에 **'외주'** 주는 것과 같습니다.

회사를 다니는 지금, 이 방패를 미리 제작하십시오. 월급이 들어올 때마다 주식만 사는 것이 아니라, 당신의 안전을 책임질 채권과 금을 꾸준히 적립하십시오. 시스템이 완성될수록 당신은 회사 내에서의 부당한 대우나 시장의 일시적인 침체에도 의연해질 수 있습니다.

"내 재무팀이 금과 채권이라는 든든한 성벽을 쌓아두었으니, 나는 내 세상에서 가장 즐거운 도전을 멈추지 않겠다."

이 선언이 가능해질 때, 당신은 비로소 1인 기업가로서 진정한 상장 자격을 갖추게 됩니다. 위기는 예고 없이 찾아오지만, 준비된 자에게 위기는 언제나 가장 화려한 기회로 변모합니다.

하락장에서도 무너지지 않는 '멘탈 방패' 관리 수칙

위기 상황에서 1인 기업 CEO가 평정심을 유지하기 위해 반드시 지켜야 할 재무 원칙입니다.

1. '현금성 자산'의 비중을 신성시하라

포트폴리오 내의 채권과 금은 단순한 투자 상품이 아니라 당신의 '전략 예비군'입니다. 주식이 오를 때 이들의 비중이 줄어드는 것을 불안해하지 마십시오. 오히려 성벽이 튼튼해지고 있다고 믿어야 합니다. 정해진 비중(예: **40%**)을 유지하는 것이 당신의 독립 날짜를 지켜주는 유일한 길입니다.

2. 하락장에서는 주식 창 대신 'R&D 로그'를 열어라

계좌의 파란 불을 들여다본다고 숫자가 올라가지 않습니다. 그 시간에 당신의 AI 활용 능력을 **점**검하거나 미**디**어 채널의 지표를 분석하십시오. 자산 시스템이 수비를 하는 동안 당신은 공격의 날을 갈아야 합니다. 실력은 하락장에서 가장 많이 성장합니다.

3. '정기 **점검**'을 통한 기계적 매수/매도를 집행하라

시장이 공포에 질렸을 때 채권을 팔아 주식을 사는 것은 본능에 어긋나는 일입니다. 하지만 그것이 사장의 역할입니다. 숫자에 기반하여 비중을 맞추는 행위는 당신 기업의 재무 건전성을 확보하는 가장 높은 수준의 경영 행위입니다. 감정을 배제하고 시스템의 명령에 따르십시오.

<u>*[Action Plan]*</u> 나 주식회사 '위기 관리 시스템' 구축표

어떤 폭풍우가 와도 흔들리지 않는 방어막을 지금 당장 설계하십시오.

자산 구분	추천 종목 (티커)	목표 비중 (%)	복리 효과 기대치
주식(공격)	VOO, QQQ 등	60%	장기적 자산 증식 및 기술 혁신 공유
채권(수비)	AGG, BND, 현금	30%	하락장 변동성 완화 및 리밸런싱 실탄
금(보험)	IAU, GLD 등	10%	인플레이션 해지 및 최후의 자산 보존
합계	-	100%	**공격과 수비가 완벽한 포트폴리오**

실행 팁: 지금 당신의 계좌를 열어보십시오. 만약 주식 100%라면 당신은 지금 안전벨트 없이 고속도로를 달리는 것과 같습니다. 오늘 당장 채권이나 금 ETF를 단 1주라도 매수하여 당신의 방어막을 만들기 시작하십시오.

제이안의 한마디

1인 기업가는 공격만 잘해서는 상장할 수 없습니다. 위기 상황에서 얼마나 우아하게 버티느냐가 당신 기업의 진짜 가치를 결정합니다. 채권과 금이라는 방패를 닦으십시오. 재무가 안정되면 당신의 창의성은 하락장에서도 눈부시게 빛날 것입니다.

3부

세상이라는 시장에
나를 상장하는 법

21.

[IR 전략 ①]

이력서(Past)를 버리고 제안서(Future)를 써라

1. 이력서는 '중고차 매매 계약서'와 같다

우리가 이직을 준비하거나 자신을 알릴 때 가장 먼저 챙기는 것은 이력서(Resume)'입니다. 하지만 투자자의 시각으로 볼 때, 이력서는 매우 한계가 명확한 문서입니다. 이력서는 당신이 과거에 어떤 조직의 부품으로서 어떤 일을 수행했는지를 나열한 '과거의 기록'입니다. 이는 마치 사고 이력과 주행 거리가 꼼꼼히 적힌 중고차 매매 계약서와 같습니다. "나는 이런 길을 달려왔고, 이런 수리를 받았다"라고 말할 뿐, 이 차가 앞으로 어떤 새로운 길을 개척할지에 대해서는 침묵합니다.

주식 시장에서 투자자들이 주식을 사는 이유는 그 기업이 과거에 돈을 잘 벌었기 때문이 아닙니다. 앞으로 더 큰 수익을 낼 것이라는 '미래 가치'에 베팅하는 것입니다. 1인 기업가로 상장하려는 당신이 여전히 이력서라는 형식에 갇혀 있다면, 당신은 스스로를 '감가상각이 진행 중인 중고 부품'으로 시장에 내놓는 셈입니다. 1인 기업의 IPO(기업 공개)를 성공시키기 위해 당신이 가장 먼저 해야 할 일은 이력서를 폐기하고, 당신의 미래 수익 구조를 증명하는 'IR(Investor Relations) 제안서'를 작성하는 것입니다.

142

나라는 기업을 상장하라

2. 시장은 당신의 '성실한 과거'에 프리미엄을 주지 않는다

많은 직장인이 "나는 15년 동안 한 분야에서 성실히 일했다"는 사실을 최고의 강점으로 내세웁니다. 하지만 냉정하게 말해, 자본 시장은 당신의 성실함에 관심이 없습니다. 시장이 묻는 질문은 오직 하나입니다. **"그래서 당신은 내가 가진 문제를 내일 어떻게 해결해 줄 것인가?"**

이력서는 '나'라는 사람에 집중하지만, IR 제안서는 '고객(시장)의 문제'에 집중합니다.

- **이력서의 언어:** "A사 마케팅 팀에서 10년간 근무하며 매출 증대에 기여함."
- **제안서의 언어:** "AI 자동화 툴과 데이터 분석 시스템을 결합하여, 귀사의 마케팅 비용을 30% 절감하고 리드 전환율을 2배 높이는 3개월 로드맵을 제안합니다."

차이가 느껴지십니까? 전자는 당신을 고용해달라는 '구걸'의 뉘앙스가 강하지만, 후자는 당신의 시스템을 통해 이익을 얻으라는 '비즈니스 제안'입니다. 1인 기업가로서 당신의 주가(몸값)를 결정하는 것은 당신의 화려한 과거 학벌이나 경력이 아니라, 당신이 제안하는 미래 가치가 시장의 갈증을 얼마나 정확히 해소하느냐에 달려 있습니다.

3. 미래 가치를 입증하는 3대 IR 모듈

제안서에 적힌 미래가 허황된 꿈으로 끝나지 않으려면, 당신은 회사를 다니는 동안 연마한 'N개의 엔진'을 근거로 제시해야 합니다. IR 제안서의 핵심은 다음 세 가지 모듈로 구성됩니다.

첫째, 'AI 기반의 확장성(Scalability)' 모듈입니다.

투자자들이 1인 기업에 갖는 가장 큰 의구심은 "혼자서 그 일을 다 할 수 있는가?"입니다. 이때 당신은 AI를 도구로 활용해 업무 생산성을 극대화한 시스템을 보여주어야 합니다. "나는 혼자 일하지만, 내가 구축한 AI 워크플로우는 10명의 직원과 맞먹는 효율을 냅니다"라는 증명은 당신의 가치를 단순 노동자에서 '시스템 운영자'로 격상시킵니다.

둘째, '미디어를 통한 신뢰 자산(Trust Asset)' 모듈입니다.

당신이 제안하는 가치가 진짜인지 어떻게 믿을 수 있을까요? 여기서 당신이 꾸준히 관리해온 유튜브, 블로그, SNS 채널이 힘을 발휘합니다. 기록된 통찰과 그에 반응하는 팬덤(구독자)은 당신 기업의 강력한 '무형 자산'입니다. "이미 시장의 이만큼의 사람들이 내 실력을 검증하고 있습니다"라는 데이터는 그 어떤 추천서보다 강력한 IR 도구가 됩니다.

셋째, '재무적 맷집(Financial Resilience)' 모듈입니다.

준비된 1인 기업가는 돈에 쫓겨 비굴한 제안을 하지 않습니다. 당신이 구축한 자산 배분 포트폴리오와 거기서 발생하는 시스템 수익은 당신에게 '협상의 우위'를 가져다 줍니다. 재무적으로 독립된 사람의 제안에는 특유의 여유와 확신이 묻어납니다. 투자자들은 배고픈 사자가 아니라, 든든한 곳간을 가진 현명한 파트너와 손잡고 싶어 합니다.

4. 제이안의 통찰: 상장의 본질은 '가격 결정권'을 가져오는 것이다

이력서를 들고 다니는 사람은 가격 결정권이 없습니다. 주는 대로 받아야 하고, 부르는 곳으로 가야 합니다. 하지만 제안서를 던지는 1인 기업가는 가격을 직접 결정합니다. "내 시스템의 가치는 이만큼이니, 이 가치를 누리고 싶다면 이 비용을 지불하십시오"라고 당당히 말할 수 있는 상태, 그것이 바로 성공적인 상장의 모습입니다.

회사를 그만두기 전, 당신의 제안서를 미리 시장에 던져보십시오. 링크드인에 당신의 제안을 올리고, 블로그에 당신의 솔루션을 공시하십시오. 시장의 반응이 오기 시작할 때, 즉 당신의 미래 가치를 '선매수'하려는 움직임이 포착될 때가 바로 당신의 IPO 날짜입니다.

당신의 노동을 '미래를 파는 시스템'으로 전환하는 순간 당신은 복리의 마법 위로 올라서게 됩니다. 과거의 당신을 손절하십시오. 그리고 내일의 당신을 매수하고 싶게 만드는 제안서를 쓰십시오. 시장은 이미 당신의 미래를 기다리고 있습니다.

'이력서 마인드'를 탈피하기 위한 3대 IR 수칙

직장인의 껍질을 벗고 1인 기업 CEO로서 당신의 가치를 공시하기 위한 제이안의 실전 팁입니다.

1. '경력'을 '솔루션'으로 치환하라
당신이 10년 동안 회계 업무를 했다면, 그것은 경력이 아닙니다. '기업의 세무 리스크를 0%로 관리하는 시스템'이 당신의 솔루션입니다. 모든 과거의 경험을 '타인의 문제를 해결해 줄 수 있는 도구'의 이름으로 재정의하십시오.

2. '현재 진행형' 데이터를 노출하라
이력서는 멈춰있는 문서지만, IR은 살아있는 생물입니다. 현재 당신이 배우고 있는 AI 기술, 성장하고 있는 유튜브 지표, 실험 중인 부캐 **프**로젝트의 결과물을 실시간으로 시장에 보여주십시오. 투자자들은 '성장 중인 그래**프**'에 가장 열광합니다.

3. '재무팀'의 안정감을 제안서에 녹여라
제안서의 마지막 장에는 당신의 전문성뿐만 아니라, 당신이라는 기업의 건전성을 암시하십시오. 구체적인 수익 숫자를 밝히지 않더라도, 원칙에 기반한 시스템 투자를 병행하고 있다는 태도는 당신을 '감정에 휘둘리지 않는 전문 경영인'으로 보이게 만듭니다. 재무적 독**립**성이 곧 브랜드의 품격입니다.

이력서를 덮고, 아래 항목을 바탕으로 당신의 첫 번째 제안서를 작성해 보십시오.

구분	이력서적 사고 (Past)	IR 제안서적 사고 (Future)	실행 과제
자기 정의	OOO 대기업 과장	복합 지능형 커리어 독립설계자	나만의 핵심 키워드 3개 선정
핵심 자산	성실함, 근태 우수	AI 자동화 프로세스, 팬덤네트워크	현재 보유한 시스템 자산 목록화
목표 고객	나를 뽑아줄 다음 회사	내 지식으로 돈을 벌 고객/파트너	타겟 고객의 가장 큰 고통 파악
제안 가치	"열심히 일하겠습니다"	"당신의 수익을 O% 올리겠습니다"	구체적인 수익 창출 시나리오 작성

실행 팁: 제안서를 다 썼다면 가장 먼저 당신 자신에게 보여주십시오. "내가 투자자라면, 이 사람의 미래에 내 전 재산을 걸 수 있는가?" 이 질문에 1초의 망설임 없이 "예"라고 답할 수 있을 때까지 제안서를 날카롭게 다듬으십시오.

제이안의 한마디

이력서는 당신이 누군지 설명하지만, 제안서는 당신이 누구를 부자로 만들어 줄 수 있는지 설명합니다. 세상은 후자를 더 비싼 값에 삽니다. 당신의 과거를 자랑하지 말고, 당신과 함께할 미래를 꿈꾸게 만드십시오. 상장의 종소리는 당신이 제안서를 완성하는 순간 이미 울리고 있습니다.

22

[IR 전략 ②]

독보적인 '종목 코드' 만들기:
나만의 키워드 선점

1. '무명주'로 남을 것인가, '티커'로 기억될 것인가?

뉴욕 증시의 'AAPL(애플)', 'TSLA(테슬라)', 'NVDA(엔비디아)'. 이 네 글자의 알파벳은 단순한 약자가 아닙니다. 그 기업이 가진 혁신, 가치, 그리고 미래에 대한 약속을 압축한 결정체입니다. 투자자들은 이 티커를 보고 즉시 그 기업의 비즈니스 모델과 가치를 떠올립니다.

반면 대다수의 직장인은 시장에서 '종목 코드'가 없는 무명주와 같습니다. 누군가 "당신은 어떤 가치를 가진 사람입니까?"라고 물었을 때, "열심히 하는 마케터입니다", "경험 많은 엔지니어입니다"라고 답한다면 당신은 아직 상장 준비가 되지 않은 것입니다. 그것은 시장에 널려 있는 수만 개의 장외 주식 중 하나일 뿐입니다. 1인 기업가로서 성공적인 IPO를 원한다면, 당신을 정의하는 수식어들을 깎고 다듬어 세상에 단 하나뿐인 '키워드 티커'를 발행해야 합니다. 시장이 특정 문제를 해결하고 싶을 때 당신의 키워드를 가장 먼저 검색하게 만드는 것, 그것이 바로 종목 코드 선점 전략의 본질입니다.

2. **범**용성**의 저주:** '코스피 개별 종목을' 닮으려 **하지** 마라

초보 투자자들은 분산 투자가 좋다는 말에 이것저것 수많은 종목을 담아 결국 코스피 내 각각의 개별회사 종목 투자를 분산 투자로 생각합니다. 진정한 분산 투자는 국내외 주식 ETF, 국내외 채권 ETF, 금,은 ETF 등과 같이 이질적인 종목의 밸런싱 투자가 진정한 분산 투자 입니다. 지수와 똑같이 움직이는 포트폴리오를 만듭니다. 직장인들도 마찬가지입니다. 이직이나 독립을 준비할 때 "나는 이것도 잘하고 저것도 할 줄 안다"며 자신의 범용성을 자랑합니다. 하지만 시장에서 동일한 범주의 범용성은 곧 '대체 가능성'을 의미합니다.

시장은 '한 분야를 잘하는 사람'에게 프리미엄을 주지 않습니다. 오히려 '한 분야에 다른 분야를 적용한 압도적인 해결사'에게 천문학적인 가치를 부여합니다.

- **개별 종목형 인간:** "기획 관련 업무는 다 해봤습니다." → 시장 가치: 낮음 (대체 가능)
- **티커형 인간:** "AI를 활용해 중소기업의 관리비용을 50% 절감하는 자동화 설계자" → 시장 가치: 높음 (독보적)

당신이 선점해야 할 키워드는 좁고 날카로워야 합니다. 대기업이 뛰어들기엔 너무 작고, 일반 직장인이 흉내 내기엔 너무 깊은 그 '니치(Niche)'한 영역이 당신의 종목 코드가 되어야 합니다.

3. 종목 코드를 **구성**하는 3가지 **핵심 요소** (The Triple-A Strategy)

독보적인 키워드, 즉 당신만의 종목 코드는 다음 세 가지 요소의 교집합에서 탄생합니다.

첫째, 자산화된 전문성 (Asset-based Expertise)

단순히 '아는 것'은 자산이 아닙니다. 당신의 지식이 AI와 결합하여 '시스템'으로 구현되었거나, 미디어를 통해 '콘텐츠'로 축적되었을 때 비로소 자산이 됩니다. 당신의 키워드에는 "나는 이 문제를 시스템으로 해결한다"는 메시지가 담겨야 합니다.

둘째, 미래 지향적 기술 (AI-integrated Future)

당신의 키워드에 'AI'나 '디지털 전환' 같은 미래 지향적 기술이 융합되어 있는지 점검하십시오. "전통적인 재무 컨설턴트"보다는 "AI 기반의 1인 기업 재무 시스템 설계자"가 훨씬 강력한 티커가 됩니다. 기술은 당신의 키워드에 '확장성'이라는 날개를 달아줍니다.

셋째, 재무적 해자 (Anchored Financials)

아이러니하게도 독보적인 키워드는 '돈에 구애받지 않는 태도'에서 완성됩니다. 제가 강조하는 자산 배분 시스템이 당신의 등 뒤를 받쳐주고 있다면, 당신은 당장 수입이 되는 잡다한 일들을 거절할 용기를 얻게 됩니다. "나는 이 키워드가 아니면 일하지 않는다"는 단호함이 시장에서 당신의 브랜드 가치를 '명품'으로 만듭니다. 든든한 사내 재무팀(자산 포트폴리오)은 당신이 키워드를 선점할 때까지 버틸 수 있는 '전략적 인내심'의 근원입니다.

4. 키워드 선점의 실전 프로세스: '나'를 리브랜딩하라

회사를 다니는 지금이 당신의 종목 코드를 테스트할 최적의 시기입니다. 다음 3단계 프로세스를 통해 당신의 티커를 확정하십시오.

- **키워드 채굴 (Mining):** 지난 10년의 경력 중 당신이 가장 즐겁게 해결했던 문제 3가지를 뽑으십시오.
- **키워드 융합 (Blending):** 뽑아낸 문제에 AI 기술과 당신만의 독특한 취미 혹은 철학을 섞으십시오. (예: 회계 노하우 + AI 자동화 + 자산 배분 철학)
- **키워드 공시 (Public Disclosure):** 확정된 키워드를 유튜브, 블로그, 링크드인 프로필에 전면 배치하십시오. 모든 콘텐츠는 오직 이 키워드를 증명하는 데이터로 채워져야 합니다.

시장은 당신이 누구인지 궁금해하지 않습니다. 시장은 당신이 어떤 키워드의 '주인'인지에만 관심이 있습니다. 당신의 이름 석 자보다 당신의 '종목 코드'가 먼저 검색되게 만드십시오.

5. 제이안의 통찰: 티커는 당신의 '미래 수익'에 대한 보증수표다

종목 코드를 만든다는 것은 세상과 약속하는 것입니다. "나를 매수하면 (고용하거나 계약하면), 나는 이 키워드에 해당하는 확실한 수익을 돌려주겠다"는 선언입니다. 이 약속이 반복되고 데이터로 증명될 때, 당신의 주가는 복리로 상승합니다.

독보적인 키워드를 가진 1인 기업가의 '지식 자본'은 시장의 그 어떤 우량 주보다 가파르게 성장할 수 있습니다. 당신의 이름 뒤에 숨지 마십시오. 당신의 키워드 앞에 서십시오. 4월과 10월에 당신의 재무 시스템을 리밸런싱하듯, 당신의 키워드 또한 시장의 변화에 맞춰 끊임없이 고도화하십시오.

성공적인 상장은 화려한 사무실이나 직원이 만드는 것이 아닙니다. 세상의 뇌리에 깊숙이 박힌 당신만의 '네 글자 티커'가 만드는 것입니다. 오늘 당신의 종목 코드는 무엇입니까?

당신의 '종목 코드'를 검증하는 3가지 필터

당신이 정한 키워드가 시장에서 먹히는 '진짜 티커'인지 제이안의 시각으로 검증해 보십시오.

1. '구글링' 테스트
그 키워드를 구글에 검색했을 때, 대기업의 광고나 위키백과 정의가 상단을 차지합니까? 그렇다면 너무 넓은 키워드입니다. 검색 결과가 적더라도 "아, 이 분야는 이 사람이지"라고 당신의 콘텐츠가 상단에 노출될 수 있을 만큼 좁혀야 합니다.

2. '한 문장' 요약 테스트
초등**학**생에게 당신의 키워드를 말했을 때, 당신이 무엇을 해서 돈을 벌어다 주는 사람인지 이해합니까? "**디**지털 트랜스포메이션 에반젤리스트" 같은 모호한 단어는 버리십시오. "AI로 영수증 처리를 없애주는 사람"처럼 직관적이어야 합니다.

3. '재무적 지속성' 확인
이 키워드로 자리를 잡기까지 수입이 없어도 버틸 수 있는 '재무적 안전판'이 있습니까? 정해진 원칙에 따라 돌아가는 당신의 자산 배분 포트폴리오는 당신이 키워드를 선**점**할 때까지 흔들리지 않게 잡아주는 '앵커(Anchor)'입니다. 재무가 흔들리면 결국 키워드를 포기하고 다시 '잡역부'로 돌아가게 됩니다.

아래 항목을 채우며 당신만의 독보적인 티커를 설계해 보십시오.

항목	내용	기대 효과
기존 직업명	예: 영업직 과장	범용적이고 대체 가능함
핵심 문제 해결	예: 복잡한 견적 산출	타겟의 가려운 곳 식별
결합할 기술 (AI/미디어)	예: 챗GPT 기반 자동 견적툴	확장성과 현대적 가치 부여
최종 종목 코드 (키워드)	**예: AI 견적 자동화 마스터**	**시장에서 당신을 부르는 고유명사**

실행 팁: 확정된 종목 코드를 오늘 당장 당신의 SNS **프**로필 첫 줄에 적으십시오. 그리고 앞으로 올리는 모든 게시물에 해당 키워드를 해시태그로 다십시오. 당신의 '상장 공시'는 그렇게 시작됩니다.

제이안의 한마디

이름은 부모님이 지어주시지만, 종목 코드는 당신 스스로 짓는 것입니다. 당신의 과거 이력에 어울리는 이름이 아니라, 당신의 미래 가치에 어울리는 티커를 만드십시오. 그 티커가 전광판에 빛나는 날, 당신의 진짜 투자는 완성될 것입니다.

23.

[공모가 산정 ①]

내 지식은 얼마짜리인가? 가격 결정권의 비밀

1. 연봉 협상과 공모가 산정의 결정적 차이

직장 생활을 하는 동안 우리의 가치는 타인에 의해 결정되었습니다. 회사의 인사 규정, 업계의 평균 연봉, 그리고 상급자의 평가가 결합하여 '나'라는 상품의 가격을 매깁니다. 이것이 우리가 익숙한 '연봉 협상'입니다. 하지만 1인 기업가로 세상에 나를 공개하는 IPO(기업 공개) 단계에 들어서면 게임의 룰은 완전히 바뀝니다. 이제 당신은 누군가 매겨주는 가격을 받아들이는 수동적인 존재가 아니라, 당신의 가치를 데이터로 증명하고 가격을 직접 제안하는 '공모가 산정의 주체'가 되어야 합니다.

주식 시장에서 공모가는 단순히 현재의 이익만을 보고 정하지 않습니다. 그 기업이 가진 기술의 희소성, 미래 수익의 확장성, 그리고 시장에서의 독점적 지위를 종합하여 결정합니다. 당신의 지식도 마찬가지입니다. "내가 하루에 몇 시간을 일하는가"라는 노동의 투입량으로 가격을 매기는 것은 하청 업체식 사고방식입니다. 진정한 1인 기업가는 "내 지식 시스템이 고객의 문제를 해결함으로써 창출하는 경제적 이득이 얼마인가"를 기준으로 공모가를 산정합니다. 가격 결정권(Pricing Power)을 갖는다는 것은, 시장의 흔들림에 상관없이 내가 제공하는 가치의 대가를 스스로 결정할 수 있는 권리를 획득하는 것입니다.

155

2. 가격 결정권은 어디에서 오는가: '희소성'과 '레버리지'

워런 버핏은 "가장 좋은 비즈니스는 가격을 올릴 수 있는 능력을 가진 비즈니스"라고 했습니다. 1인 기업가로서 당신이 높은 공모가를 인정받기 위해서는 다음 두 가지 해자가 필수적입니다.

첫째, 대체 불가능한 희소성입니다.

누구나 할 수 있는 일은 시장 가격이 낮게 형성될 수밖에 없습니다. 당신이 회사를 다니며 연마한 전문 지식에 AI라는 기술력과 미디어라는 브랜딩이 결합할 때, 당신은 비로소 대체 불가능한 '특수 종목'이 됩니다. 100명이 하는 일을 AI로 혼자 처리하면서도, 그 과정을 유튜브나 블로그로 투명하게 공개해 신뢰를 쌓은 사람의 지식은 시장에서 '부르는 게 값'이 됩니다. 지식의 가치는 단순히 '무엇을 아느냐'가 아니라, 그 지식을 '어떻게 유니크한 시스템으로 구현했느냐'에서 결정됩니다.

둘째, 확장 가능한 레버리지입니다.

당신의 지식이 오직 당신의 몸이 움직일 때만 가치를 발휘한다면, 시장은 당신에게 높은 공모가를 주지 않습니다. 하지만 당신의 지식이 전자책, 온라인 강의, 자동화된 솔루션 등 복제 가능한 형태로 존재한다면 가치는 폭발합니다. 투자자들은 1:1 노동 교환이 아니라 1:N의 시스템 확장이 가능한 비즈니스 모델에 프리미엄을 부여합니다. 당신이 잠든 사이에도 가치를 창출하는 시스템을 보여줄 때, 시장은 당신이라는 기업의 시가총액을 다시 계산하기 시작합니다.

나라는 기업을 상장하라

3. 사내 재무팀이 당신의 공모가를 방어한다

아이러니하게도 지식의 가격을 높게 유지하는 가장 강력한 무기는 당신의 전문 지식 그 자체가 아니라, 당신의 '재무적 안정성'입니다. 1인 기업가들이 시장에서 가격 결정권을 잃고 헐값에 자신을 매각(저가 수주)하는 가장 큰 이유는 '당장 먹고살 돈이 급해서'입니다.

제가 강조하는 **글로벌 우량주 지수추종 배분 시스템**은 단순히 노후 준비를 위한 투자가 아닙니다. 그것은 당신이 시장에서 "그 가격에는 내 지식을 팔지 않겠다"라고 당당히 말할 수 있게 해주는 '심리적 공모가 하단 지지선'입니다.

"나는 돈에 쪼들리지 않는다"는 사실이 시장에 전달되는 순간, 당신의 지식 가치는 역설적으로 상승합니다. 사람들은 배고픈 전문가보다, 이미 성공하여 여유로운 전문가의 지식을 훨씬 더 신뢰하고 비싼 값을 지불하기 때문입니다. 재무 시스템은 당신의 공모가를 지켜주는 가장 든든한 '재무적 해자'입니다.

4. 공모가 산정의 실전 KPI

당신의 공모가를 객관적으로 산정해 보기 위해 아래의 KPI를 활용해 보십시오.

- **Skill (전문성):** 당신이 해결할 수 있는 문제의 난이도와 크기. (회사를 다니며 쌓은 핵심 역량)
- **AI (레버리지):** 당신의 기술을 AI로 얼마나 자동화하고 확장했는가.

(도구 활용 능력)

- **Time (투입 시간):** 당신이 직접 개입해야 하는 시간의 비중. (낮을수록 가치는 상승)

진정한 고부가가치 1인 기업가는 투입 시간은 최소화하면서, AI와 시스템을 통해 해결하는 문제의 크기를 최대화합니다. 시장은 당신이 얼마나 고생했는지가 아니라, 얼마나 효율적으로 문제를 해결했는지를 보고 가격을 매깁니다.

5. 제이안의 통찰: 가격 결정권은 '자유'의 다른 이름이다

지식의 공모가를 산정한다는 것은 당신 삶의 주권을 되찾아오는 과정입니다. 회사가 정해주는 연봉표에 당신을 끼워 맞추지 마십시오. 회사를 다니는 동안 당신의 직무를 '시장 통용 솔루션'으로 제품화하고, 퇴근 후 2시간의 연구소에서 그 가치를 연마하십시오.

동시에 당신의 자산이 스스로 일하게 만드는 시스템을 구축하십시오. 노동 소득의 속도는 자본 소득을 이길 수 없지만, 자본 소득의 든든한 뒷받침을 받는 노동은 세상에서 가장 비싼 가격표를 가질 수 있습니다. 당신은 더 이상 고용되기를 기다리는 피동적인 존재가 아닙니다. 당신은 당신만의 가치를 시장에 공모하고, 그 가치에 동의하는 투자자(고객)들과 함께 성장하는 기업의 CEO입니다. 당신의 지식은 당신이 믿는 만큼, 그리고 당신이 구축한 시스템만큼의 가치를 가집니다. 오늘 당신의 공모가를 다시 써 보십시오.

공모가 뻥튀기를 막고 '진짜 가치'를 산정하는 3가지 필터

당신이 책정한 지식의 가격이 시장에서 통할 수 있는지 제이안의 시각으로 검증해 보십시오.

1. '고객 수익 환산' 테스트

당신의 지식을 구매한 고객이 그 비용의 10배 이상 이득을 보거나 비용을 절감할 수 있습니까? 100만 원짜리 컨설팅을 통해 고객이 1,000만 원의 손실을 막을 수 있다면, 그 100만 원은 비싼 것이 아닙니다. 공모가의 기준을 내 노력이 아닌 '고객의 이익'에 두십시오.

2. '비교 대상 유무' 확인

당신의 가격을 제시했을 때 고객이 "다른 사람은 더 싼데요?"라고 말한다면, 당신은 아직 차별화에 실패한 것입니다. "그분은 노동을 팔지만, 저는 AI로 자동화된 시스템을 제공합니다"라고 답할 수 있어야 합니다. 비교가 불가능한 카테고리를 만드는 것이 가격 결정권의 핵심입니다.

3. '재무적 담력' 점검

만약 이번 계약이 성사되지 않아도 당신의 자산 시스템(포트폴리오)이 당신의 일상을 평온하게 유지해 줄 수 있습니까? 리밸런싱 원칙을 지키며 쌓아온 자산은 당신이 협상 테이블에서 '갑'의 위치를 점하게 하는 유일한 근거입니다. 돈이 급해 보이지 않는 전문가가 가장 비싸게 팔립니다.

현재 당신의 지식 자산을 기업 공개(IPO)한다고 가정하고 아래 표를 채워 보십시오.

평가 항목	현재의 나 (이력서 기반)	상장할 나 (제안서기반)	개선 전략
가격 결정방식	회사 연봉 규정준수	가치 기반 제안가 책정	직무의 솔루션화 및 패키징
시간당 생산성	1:1 시간 비례소득	1:N 시스템 복제 소득	AI 활용 업무 자동화 모듈화
재무 안전판	월급 끊기면 즉시 위기	자산 시스템 기반 여유 확보	글로벌 우량주 비중 60% 유지
예상 공모가	시급 2만원 수준	프로젝트당 500만원 이상	퍼스널 브랜딩 및 성공사례 축적

실행 팁: 지금 당장 당신이 제공할 수 있는 최고의 서비스 하나를 정하고, 그 가격을 현재 당신 시급의 **5**배로 책정해 보십시오. 그리고 그 가격이 아깝지 않게 만들려면 어떤 '시스템'을 추가해야 할지 고민해 보십시오. 그 고민의 끝에 당신의 진짜 공모가가 있습니다.

제이안의 한마디

연봉은 회사가 주는 성적표지만, 공모가는 당신이 시장에 던지는 도전장입니다. 당신의 지식을 저평가하지 마십시오. 당신이 시스템을 갖추고 재무적 해자를 쌓는 만큼, 당신의 가치는 시장에서 복리로 자라날 것입니다. 상장의 주인공은 가격을 결정하는 사람의 몫입니다.

24.

[공모가 산정 ②]

무료의 늪에서 벗어나 유료 모델을 설계하라

1. 무료의 함정: '좋아요'는 임대료를 내주지 않는다

1인 기업가로 첫발을 내딛는 이들이 가장 흔히 빠지는 늪이 있습니다. 바로 '무료의 함정'입니다. "아직 내 실력이 부족하니까", "일단 사람을 많이 모으는 게 우선이니까"라는 생각으로 자신의 지식과 시간을 아낌없이 공짜로 퍼줍니다. 블로그에는 고급 정보를 매일 올리고, 누군가 물어보면 한두 시간씩 무료 상담을 해줍니다. 하지만 냉정하게 말해, 유료 모델이 없는 1인 기업은 기업이 아니라 '자선단체'에 불과합니다.

주식 시장에서 매출 없이 사용자 수만 늘리는 플랫폼 기업들이 상장 후 주가 폭락을 겪는 이유는 무엇일까요? 바로 '수익화 능력(Monetization)'을 증명하지 못했기 때문입니다. 당신의 지식에 열광하며 '좋아요'를 누르는 사람들과, 당신의 가치에 자신의 지갑을 여는 '고객'은 완전히 다른 종족입니다. 무료에만 익숙해진 청중은 당신이 유료화를 선언하는 순간 가장 먼저 당신을 비난하며 떠나갈 '체리 피커(Cherry Picker)'일 확률이 높습니다. 무료의 늪에서 허우적거리는 시간이 길어질수록, 당신의 전문성은 '공짜'라는 낙인이 찍히고 당신의 에너지는 고갈됩니다. 상장을 준비하는 CEO라면 처음부터 수익 구조를 염두에 둔 비즈니스 모델을 설계해야 합니다.

161

2. 가격은 '가치'의 필터다: 유료 모델을 설계해야 하는 진짜 이유

왜 우리는 반드시 돈을 받아야 할까요? 단순히 부자가 되기 위해서가 아닙니다. 가격은 당신의 에너지를 집중할 대상을 걸러내는 가장 강력한 '필터'이기 때문입니다.

- **고객의 질적 변화:** 돈을 지불한 고객은 당신의 조언을 진지하게 받아들이고 실행합니다. 무료 상담은 한 귀로 듣고 흘리지만, 10만 원을 낸 상담은 녹취까지 하며 실천합니다. 결국 성과는 유료 고객에게서 나오고, 그 성과가 다시 당신의 평판(주가)을 올리는 선순환이 일어납니다.
- **비즈니스의 지속성:** 1인 기업가는 몸이 하나입니다. 모든 사람에게 무료로 친절할 수는 없습니다. 유료 모델은 당신의 시간을 소중히 여기는 사람들에게만 당신의 자원을 배분하게 만드는 효율적인 시스템입니다.
- **AI와 레버리지의 결합:** 유료 모델을 설계할 때 가장 중요한 것은 '나의 노동력이 얼마나 들어가는가'입니다. AI를 활용해 서비스의 원가는 낮추고 가치는 높이는 구조를 만드십시오. 예를 들어, 직접 만나서 하는 상담(고비용) 대신 AI로 분석한 리포트와 자동화된 가이드를 제공(저비용 고효율)하는 유료 모델을 설계하는 식입니다.

3. 직장은 최고의 '베타 테스트' 장소다: 월급이라는 보조금을 활용하라

무료에서 유료로 넘어가는 과정은 심리적으로 매우 고통스럽습니다. "과

연 누가 내 지식에 돈을 낼까?"라는 공포가 엄습하기 때문입니다. 이때 당신이 가진 가장 강력한 우군은 바로 '직장'입니다.

퇴사 후 벼랑 끝에서 유료화를 시도하면 조급함 때문에 가격을 덤핑하거나 고객에게 비굴해집니다. 하지만 매달 꼬박꼬박 들어오는 월급이라는 캐시카우가 있다면 이야기는 달라집니다. 회사를 다니는 동안 아주 작은 단위의 유료 모델을 실험해 보십시오.

- **PDF 전자책 판매:** 당신의 업무 노하우를 정리해 1~2만 원에 팔아 보십시오.
- **유료 챌린지 운영:** 당신의 취미나 습관 형성을 돕는 소액 유료 모임을 만들어 보십시오.
- **커피챗(Coffee Chat) 유료화:** 무료로 해주던 조언을 '30분당 3만 원'의 유료 상담으로 전환해 보십시오.

이 과정에서 중요한 것은 '금액의 크기'가 아니라 **'낯선 이에게 돈을 받아보는 경험'** 그 자체입니다. 단돈 1,000원이라도 시장이 당신의 가치에 반응했다는 데이터가 쌓일 때, 당신이라는 종목은 비로소 '상장 적격성'을 갖추게 됩니다.

4. 재무적 맷집이 가격 결정권을 만든다

1인 기업가가 유료 모델을 제안할 때 목소리에 힘이 실리는 이유는 무엇일까요? 그것은 바로 '거절할 수 있는 자유'가 있기 때문입니다. 그리고 그 자유는 당신의 **글로벌 자산 배분 포트폴리오**에서 나옵니다.

제가 전작인 『나는 50살에 진짜 투자를 시작했다』에서 상세하게 설명했던 투자기법은 과거 5년간 실제 지수 추종 분산, 적립 투자를 진행한 내용을 설명한 책입니다. 저는 전작에서 설명한 소소한 투자 기법(분산/적립/연 2회 리밸런싱 지수 추종 투자) 로 지금까지 연평균 15%가량의 복리 금융 소득이 증가 중입니다. 또한 과거 5년 동안 출간 한 책이(이번 책 포함) 총 4권 입니다. 제 업인 IT 관련 책과 필명으로 출간 한 투자 관련 책들이 출판 되어 이번 책을 쓰는 현재에도 인세 수입이 들어오고 있습니다. 원고만 쓰면 출판과 마케팅의 모든 과정을 대행 해 주는 출판사는 한국내에 아주 많이 존재합니다. 저는 국내 출판 후 항상 AI 툴을 사용해 영문번역 작업을 스스로 하고, 이를 전세계 독자를 위해 아마존 킨들에도 출간을 합니다. 아마존 킨들 출간은 들어가는 돈이 없습니다. 글로벌 독자를 위해 영문 종이책 전자책 모두 비용 없이 쉽게 출간 가능합니다. 강의 수입도 들어오고 있습니다. 지방 강의의 경우는 더 높은 강의료를 지불해야 출강을 합니다. 하지만 아직도 직장에서 열심히 노동소득을 창출하고 있습니다. 특히 IT 관련 책은 제가 지금 근무 중인 회사의 업무와 관계가 있습니다. 고객사 미팅 시 제 IT 책을 선물로 전달 하면서 미팅을 하면 미팅의 질적 품질이 올라갑니다. 당연히 회사에서도 좋아합니다. 하지만 현 직장에서는 IT 책을 제외한 별도의 필명으로 투자 관련 책, 자기 개발 서적도 출간 하고 있는지는 모릅니다.

이런 뚝심은 직장 생활 중 재무적 투자 활동, 저작 활동을 통한 수익과 성취감이 함께 하므로 느긋하게 이 직장의 탈출을 준비 할 수 있게 해 주고 있습니다. 제가 강조하는 S&P 500, 나스닥 위주의 자산 시스템이 묵묵히 돌아가고 있다면, 당신은 고객이 가격을 깎으려 할 때 우아하게 대처할 수 있습니다. "제 시스템의 가치는 100만 원입니다. 그 가치에 동의하지 않으신다면 계약하지 않으셔도 좋습니다."라고 말할 수 있는 담력은 통장의 잔고가 아니라, 자산이 스스로 일하고 있다는 시스템에 대한 확신에서 나옵니다.

자본 소득이라는 방패가 있는 노동 소득은 세상에서 가장 비싼 가격표를 가질 수 있습니다. 정기적인 리밸런싱을 통해 다져진 재무적 맷집은 당신이 무료의 늪을 건너 프리미엄 유료 모델로 나아가는 과정에서 흔들리지 않는 중심축이 되어 줄 것입니다.

5. 제이안의 통찰: 유료화는 고객에 대한 예의다

무료는 무책임합니다. 당신도 최선을 다하지 않게 되고, 고객도 귀하게 여기지 않습니다. 하지만 유료는 약속입니다. 돈을 받는 순간 당신은 프로가 되어야 하고, 고객은 변화를 준비해야 합니다.

유튜브로 정보를 주고, 블로그로 소통하되, 당신의 핵심 정수(Core Essence)는 반드시 유료 모델 안에 담으십시오. AI를 활용해 더 빠르고 정확한 솔루션을 제공하고, 자산 시스템으로 당신의 품격을 지키십시오. 상장이란 결국 당신의 가치를 정당한 가격에 시장에 내놓는 행위입니다. 무료라는 마약에서 깨어나십시오. 당신의 지식은 충분히 가치가 있으며, 시장은 준비된 전문가에게 기꺼이 대가를 지불할 준비가 되어 있습니다.

무료에서 유료로 전환하는 '3단계 가격 전략'

자신의 지식을 상품화하여 시장에 공모하기 위한 제이안의 실전 가격 가이드입니다.

1. [1단계] 손실 리더(Loss Leader)로서의 무료 콘텐츠
무료는 오직 '홍보'와 '신뢰 구축'을 위해서만 사용하십시오. 유튜브 영상이나 블로그 글이 여기에 해당합니다. 고객이 당신을 발견하게 만드는 미끼일 뿐, 당신의 모든 시간을 여기에 쏟아부어서는 안 됩니다.

2. [2단계] 진입 장벽을 낮춘 '저관여 유료 상품'
전자책, 템플릿, 자동화 **프롬프트** 모음집 등 당신의 시간이 거의 들지 않는 **디지**털 자산을 **1~5만** 원대에 배치하십시오. 고객이 당신에게 처음으로 결제하는 경험을 하게 만드는 '입장권'입니다.

3. [3단계] 시스템 기반의 '고관여 **프리미엄** 상품'
1:1 컨설팅이나 전문 솔루션 제공 등 당신의 개입이 필요한 상품입니다. 여기에는 반드시 높은 가격을 책정하십시오. 당신의 재무 시스템이 생활비를 지원하고 있다면, 이 단계에서 저가 수주를 하지 않고 진정한 'VVIP' 고객만을 선별할 수 있습니다.

지금 당장 당신이 가진 지식 중 하나를 골라 유료 모델로 변환해 보십시오.

항목	현재 (Free/Labor)	유료 모델 (Value/System)	전환 액션
제공 서비스	지인들에게 해주는 재무 조언	AI 기반 자산 배분 리포트	리포트 템플릿 및 자동화 로직 설계
가격 책정	커피 한 잔 혹은 무료	1회 10만 원 (PDF 리포트 포함)	소액 결제 링크 및 상세페이지 제작
투입 시간	무제한(직접 상담)	30분(AI 결과물 검수)	상담 프로세스 매뉴얼화
수익 재투자	전액 소비	시스템 투자 계좌 입금	수익의 50%를 VOO/QQQ 추가 매수

실행 팁: 첫 유료 고객에게는 "제가 처음으로 돈을 받고 제공하는 서비스라 50% 할인 혜택을 드립니다"라고 솔직하게 제안해 보십시오. 돈을 받는 행위에 대한 거부감을 줄이고 시장의 반응을 확인하는 가장 빠른 길입니다.

제이안의 한마디

무료로 줄 때는 보이지 않던 문제들이 돈을 받는 순간 선명하게 보이기 시작합니다. 그 문제들을 해결해 나가는 과정이 바로 당신이 경영자로 성장하는 과정입니다. 돈을 받는 것을 두려워하지 마십시오. 당신의 지식에 가격표를 붙이는 순간, 당신의 진짜 비즈니스는 시작됩니다.

블로그와 SNS:

시장에 상장 소식을 알리는 공시 채널

1. 당신의 SNS는 '일기장'인가, '전자공시시스템'인가?

상장 기업은 의무적으로 기업의 재무 상태, 주요 경영 사항, 미래 사업 계획 등을 시장에 알립니다. 한국의 'DART(전자공시시스템)'나 미국의 'EDGAR'가 바로 그 역할을 합니다. 투자자들은 이 공시 자료를 보고 기업의 투명성을 판단하고 투자를 결정합니다. 1인 기업가로 상장하려는 당신에게 블로그와 SNS는 바로 이 '전자공시시스템'이 되어야 합니다.

대부분의 직장인이 SNS에 무엇을 먹었는지, 어디에 놀러 갔는지 같은 '배설형 콘텐츠'를 올립니다. 하지만 1인 기업 CEO인 당신의 채널은 달라야 합니다. 당신의 블로그는 당신 기업의 '백서(White Paper)'가 되어야 하고, 당신의 SNS는 시장의 변화에 대응하는 당신의 통찰을 알리는 **수시 공시** 창구가 되어야 합니다. 당신이 어떤 문제를 해결할 수 있는지, 현재 어떤 R&D(연구개발)를 진행 중인지, 그리고 당신의 비즈니스 철학이 무엇인지를 꾸준히 기록하십시오. 시장은 당신의 '성실한 기록'을 보고 당신이라는 종목의 상장 적격성을 심사합니다. 기록되지 않은 실력은 자산이 아니며, 공시되지 않은 가치는 시장에서 '0'으로 취급받습니다.

2. 블로그: 당신의 내재 가치를 증명하는 '분기 보고서'

블로그는 호흡이 긴 텍스트를 담을 수 있는 최적의 플랫폼입니다. 이곳은 당신의 '종목 코드(키워드)'를 가장 깊이 있게 설명하는 메인 공시 채널입니다.

- **전문성의 아카이브:** 회사를 다니는 동안 겪은 시행착오, 해결한 문제의 프로세스, 새롭게 익힌 AI 활용법 등을 논리적인 글로 정리하십시오. 이 기록들은 훗날 당신의 제안서(IR)를 뒷받침하는 강력한 증거 자료가 됩니다.
- **검색 자본의 선점:** 구글이나 네이버 같은 검색 엔진은 정보의 깊이를 평가합니다. 당신의 니치 마켓과 관련된 키워드로 양질의 글을 쌓으면, 시장은 당신을 해당 분야의 '권위자'로 인식하기 시작합니다. 이는 광고비 한 푼 쓰지 않고도 우량 투자자(잠재 고객)를 끌어모으는 최고의 레버리지가 됩니다.
- **신뢰의 복리:** 블로그에 쌓인 수백 개의 글은 당신이 잠든 사이에도 당신의 전문성을 대변합니다. 글이 쌓일수록 당신의 가치는 복리로 자라나며, 어느 순간 당신의 이름을 검색하는 것만으로도 상장 심사가 통과되는 '브랜드 파워'를 갖게 됩니다.

3. SNS: 시장과 실시간으로 소통하는 'IR 로드쇼'

블로그가 깊이 있는 보고서라면, 인스타그램, 링크드인, 스레드 같은 SNS는 시장 참여자들과 실시간으로 눈을 맞추는 '로드쇼' 현장입니다.

- **휘발성 속의 연결성:** SNS는 정보 전달의 속도가 빠릅니다. 업계의 최신 뉴스에 대한 당신의 짧은 견해를 공시하십시오. 이를 통해 당신은 '살아있는 전문가'임을 증명할 수 있습니다.
- **우호 지분의 확보:** SNS의 핵심은 소통입니다. 당신의 가치에 동의하는 사람들과 관계를 맺고 그들을 당신 기업의 '잠재 주주'로 만드십시오. 댓글과 DM은 단순한 대화가 아니라, 당신의 비즈니스 모델을 검증하고 개선하는 '시장 조사'의 과정입니다.
- **AI를 활용한 공시의 효율화:** 1인 기업가는 바쁩니다. AI를 활용해 블로그의 긴 글을 SNS용 카드뉴스나 숏폼 대본으로 변환하십시오. 하나의 소스를 여러 채널에 뿌리는 '원 소스 멀티 유즈(OSMU)' 전략은 당신의 공시 범위를 최소한의 노력으로 최대화합니다.

4. 흔들리지 않는 공시의 힘: 재무 시스템이 주는 여유

블로그와 SNS를 운영하다 보면 조회수나 팔로워 수라는 '시장의 소음'에 일희일비하기 쉽습니다. 하지만 1인 기업가인 당신은 숫자에 연연하는 '인플루언서'가 아니라, 가치를 증명하는 '경영자'가 되어야 합니다. "제발 내 물건 좀 사주세요"라고 구걸하는 것이 아니라, "나는 이런 가치를 만드는 사람이고, 내 재무적 기초는 이미 탄탄하다"는 여유를 보여줄 수 있습니다.

사람들은 결핍이 있는 사람보다 여유가 있는 사람의 정보에 더 높은 가치를 부여합니다. 재무 시스템은 당신의 채널에 '전문가의 품격'이라는 가장 비싼 조명을 비춰줍니다.

5. 제이안의 통찰: 공시는 '선언'이자 '강제적 성장'이다

블로그와 SNS에 당신의 상장 계획을 공시하는 순간, 당신은 더 이상 물러설 곳이 없게 됩니다. 세상에 내뱉은 말은 당신을 공부하게 만들고, 당신을 움직이게 만듭니다.

회사를 다니는 지금, 당신의 종목 코드를 공시하기 시작하십시오.

- **낮에는 회사의 인프라로 실력을 연마하고,**
- **밤에는 그 실력을 시장의 언어로 번역해 채널에 공시하십시오.**

이 로드쇼의 과정이 1년만 지속되어도, 당신은 퇴사 첫날의 공포를 느끼지 않을 것입니다. 이미 당신의 채널에는 당신의 상장을 기다리는 수천 명의 투자자와 당신의 가치를 인정하는 확실한 데이터가 쌓여있을 것이기 때문입니다. 상장은 어느 날 갑자기 일어나는 이벤트가 아닙니다. 매일 아침 당신이 블로그에 올리는 한 줄의 통찰, SNS에 공유하는 한 컷의 프로세스가 모여 만들어지는 '축적의 결실'입니다. 오늘, 당신 기업의 첫 번째 공시를 올리십시오.

'나 주식회사' 공시 채널 운영을 위한 3대 원칙

시장의 신뢰를 얻고 주가를 관리하기 위해 제이안이 제안하는 채널 운영 지침입니다.

1. '관**점**'이 없는 정보는 쓰레기다
단순한 뉴스 전달은 AI가 더 잘합니다. 당신의 채널에는 반드시 당신만의 '해석'이 담겨야 합니다. 같은 현상을 보고도 당신만의 전문성과 취미, 철**학**이 결합된 독특한 관**점**을 제시하십시오. 그것이 당신의 종목을 대체 불가능하게 만듭니다.

2. '꾸준함'은 가장 강력한 재무제표다
상장 기업이 공시를 거르면 관리종목이 됩니다. 당신도 마찬가지입니다. 주 1회 블로그, 일 1회 SNS 등 당신이 감당할 수 있는 '공시 주기'를 정하고 이를 신성시하십시오. 시장은 당신의 뛰어난 실력보다, 변함없이 그 자리에 있는 '예측 가능성'에 더 큰 점**수**를 줍니다.

3. '재무적 자신감'을 은연중에 노출하라
직접적인 자산 자랑이 아니라, 당신의 글 속에 녹아있는 재무적 원칙과 여유를 보여주십시오. "나는 시스템 투자를 통해 삶의 변동성을 관리하고 있으며, 그렇기에 오직 본질적인 가치에만 집중한다"는 태도는 당신의 전문성을 가장 강력하게 보증해 줍니다.

[*Action Plan*] 나 주식회사 '상장 로드쇼' 채널 세팅

지금 당장 당신의 공시 채널을 기업용으로 리밸런싱하십시오.

채널 구분	현재 상태 (Diary)	목표 상태 (Disclosure)	이번 주 실행 과제
제공 서비스	가끔 일상기록	주 1회 전문칼럼공시	내 종목 키워드 관련 글 1개 작성
SNS (Roadshow)	친구들과 소통용	매일 1회 인사이트공유	링크드인/스레드 프로필 리뉴얼
AI 활용전략	직접 다 씀	AI로 요약 및 배포 자동화	챗GPT로 블로그 글 요약테스트
재무팀 연동	투자 따로, 채널 따로	투자 철학을 콘텐츠화	리밸런싱의 가치를 글로 정리

실행 팁: 첫 공시가 완벽할 필요는 없습니다. 상장 기업들도 처음엔 작게 시작합니다. 중요한 것은 시장에 당신의 존재를 알리는 '상장 예비 심사' 버튼을 누르는 용기입니다. 오늘 당신의 첫 번째 '전문가적 한 줄'을 업로드하십시오.

제이안의 한마디

채널은 당신의 명함보다 강력하고, 당신의 학벌보다 정직합니다. 세상이라는 거대한 시장에 당신의 존재를 공시하십시오. 당신이 기록하는 만큼 당신의 시가총액은 결정됩니다. 로드쇼의 주인공은 바로 당신입니다.

출판이라는 강력한 상장 심사:
책은 최고의 투자설명서다

1. 누구나 공시할 수 있지만, 아무나 상장할 수는 없다

블로그와 SNS는 누구나 계정을 만들고 글을 올릴 수 있는 '장외 시장'과 같습니다. 진입 장벽이 낮은 만큼 정보의 홍수 속에서 당신의 목소리는 휘발되기 쉽습니다. 하지만 '종이책 출판'은 다릅니다. 출판은 자본주의 시장에서 가장 혹독하고 권위 있는 '상장 예비 심사'와 같습니다.

출판사라는 까다로운 심사위원(언더라이터)은 당신의 원고가 시장에서 팔릴 가치가 있는지, 당신이 해당 분야의 전문가로서 자격이 있는지, 그리고 당신의 비즈니스 모델이 독자(투자자)들에게 이익을 줄 수 있는지를 철저히 검증합니다. 이 심사를 통과해 서점이라는 '본 시장'에 당신의 이름이 걸리는 순간, 당신의 시가총액은 비약적으로 상승합니다. 책은 당신이 쓴 일기장이 아닙니다. 당신이라는 기업의 과거와 현재, 그리고 미래의 청사진을 담은 가장 완벽한 '최종 투자설명서(Prospectus)'입니다.

2. 책은 당신의 'PER(주가수익비율)'을 바꾸는 마법의 도구다

주식 시장에서 같은 이익을 내더라도 어떤 기업은 높은 PER을 받고, 어떤 기업은 낮게 평가받습니다. 그 차이는 '신뢰'와 '권위'에서 옵니다. 1인 기업가에게 책은 바로 이 PER(몸값의 배수)을 높여주는 결정적인 장치입니다.

- **전문성의 박제:** 블로그 글 수백 개보다 한 권의 책이 주는 무게감이 훨씬 큽니다. 책은 당신의 파편화된 지식을 하나의 완벽한 '시스템'으로 구조화했음을 증명합니다.
- **강력한 진입 장벽(Moat):** 경쟁자가 당신의 유튜브 영상을 흉내 낼 수는 있어도, 당신의 이름으로 출간된 책의 권위를 단기간에 뺏어올 수는 없습니다. 책은 당신의 니치 마켓에서 당신을 '카테고리 킬러'로 만들어주는 가장 견고한 해자입니다.
- **영업의 자동화:** 책은 당신을 대신해 전국 각지의 잠재 고객들에게 당신의 비즈니스 철학을 전파합니다. 당신이 잠든 사이에도 독자들은 당신의 투자설명서를 읽고 당신이라는 종목을 매수(구독, 강의 신청, 컨설팅 의뢰)할 준비를 마칩니다.

3. 책을 중심으로 정렬되는 N개의 엔진

성공적인 상장을 위해서는 책 한 권으로 끝나서는 안 됩니다. 책을 당신 비즈니스의 '중심축(Hub)'으로 삼고, 나머지 엔진들을 유기적으로 연결해야 합니다.

- **AI와의 협업:** 원고를 쓸 때 AI를 편집자나 리서치 조수로 활용하십시오. 방대한 데이터를 요약하고 문장을 다듬는 데 AI는 최고의 파트너입니다. 또한, 출간된 책의 내용을 학습시킨 당신만의 AI 챗봇을 만든다면, 독자들에게 실시간으로 상담을 제공하는 '지능형 서비스'로 확장할 수 있습니다.
- **유튜브와 강의의 교재:** 책은 당신이 운영할 유튜브 채널의 '커리큘럼'이자 강의의 '교재'가 됩니다. 책을 읽고 팬이 된 독자들은 당신의 유료 강의와 커뮤니티(우호 지분)에 가장 먼저 참여하는 핵심 주주가 됩니다.
- **취미의 이론화:** 당신의 취미를 단순한 즐거움에서 '지식 비즈니스'로 격상시키는 가장 빠른 길은 그 취미를 이론화하여 책으로 펴내는 것입니다. "캠핑을 즐기는 사람"과 "캠핑을 통한 가족 관계 회복 솔루션 저자"의 가치는 하늘과 땅 차이입니다.

4. 제이안의 통찰: 책은 당신의 '독립 상장'을 알리는 첫 번째 타종이다

상장 당일, CEO가 거래소에서 종을 치며 기업의 시작을 알리듯, 당신의 책이 세상에 나오는 날은 당신의 1인 기업이 공식적으로 상장되었음을 알리는 날입니다. 회사를 다니는 지금, 당신만의 투자설명서를 쓰기 시작하십시오.

- **낮에는 회사의 프로젝트를 수행하며 책에 담을 실전 데이터를 수집하십시오.**
- **밤에는 퇴근 후 연구소에서 그 데이터들을 당신만의 철학으로 엮으**

십시오.

책 한 권이 완성되는 순간, 당신은 더 이상 '언제 잘릴지 모르는 직원'이 아니라 '시장이 탐내는 저자'가 됩니다. 책은 당신의 과거를 정리하고 미래를 여는 열쇠입니다. 당신의 이름이 박힌 그 한 권의 책이 당신을 영원한 경제적 자유의 길로 인도할 것입니다.

'팔리는 투자설명서'를 쓰기 위한 3대 집필 원칙

1인 기업가로서 시장의 상장 심사를 단번에 통과하기 위한 제이안의 전략 제언입니다.

1. '지식'보다 '문제 해결'을 팔아라
독자는 당신이 얼마나 많이 아는지 관심이 없습니다. 오직 자신의 문제를 어떻게 해결해 줄 것인지에만 반응합니다. "나의 경력"을 자랑하는 책이 아니라 "독자의 고통을 끝내주는 솔루션"을 담은 책을 쓰십시오. 그것이 최고의 마케팅이자 IR입니다.

2. AI를 '공동 저자'가 아닌 '수석 비서'로 부려라
AI에게 원고 전체를 맡기지 마십시오. 그러면 당신의 '종목 코드(차별화)'가 사라집니다. 목차를 짜거나, 사례를 수집하거나, 문장의 어색함을 교정하는 일에만 AI를 레버리지하십시오. 책에는 반드시 당신만의 독특한 취미, 투자의 **철학**, 인생의 관**점**이 녹아있어야 합니다.

3. 출간 후의 '수익 구조'를 미리 설계하라
책 인세만으로 부자가 되려는 생각은 버리십시오. 책은 당신의 '입장권'입니다. 책을 읽은 독자가 당신의 유튜브로 오고, 당신의 유료 강의를 듣고, 결국 당신의 시스템 안에서 소비하게 만드는 '비즈니스 깔때기(Funnel)'를 미리 설계해 두어야 합니다.

<u>*[Action Plan]*</u> **나 주식회사 '투자설명서(출판)' 기획안**

당신의 첫 책을 기획하며 상장 심사를 준비해 보십시오.

기획 항목	내용(Draft)	기대 효과
가제 (종목명)	예: AI 시대의 1인 기업 생존전략	시장의 시선을 *끄*는 제목
핵심 독자 (타겟 투자자)	40대 중반의 불안한 직장인들	명확한 수요층 타격
차별화 포인트 (해자)	본인만의 업무, 취미 지식과 AI의 결합	누구도 흉내 낼 수 없는 고유성
재무팀 연동	온라인 강의 런칭 및 커뮤니티 구축	지속 가능한 수익원 확보

실행 팁: 지금 당장 서**점**에 가서 당신의 분야 베스트셀러 **5**권을 분석하십시오. 그 책들이 말하지 않은 '빈틈'이 무엇인지 찾아내는 순간, 당신의 책은 상장 심사를 통과할 확률이 200% 높아집니다.

제이안의 한마디

이력서는 남에게 보여주는 것이지만, 책은 세상에 남기는 것입니다. 당신의 전문성을 종이 위에 새기십시오. 책이 서점 매대에 놓이는 순간, 당신은 이미 월급쟁이의 삶에서 졸업한 것입니다. 당신의 가치를 증명할 최고의 투자설명서를 오늘부터 준비하십시오.

유튜브와 강의:
시장 참여자들과 실시간으로 소통하라

1. 'Live IR': 시장은 당신의 얼굴이 아니라 '목소리'에 투자한다

기업이 상장을 앞두고 기관 투자자들을 직접 만나 사업 내용을 설명하는 것을 '로드쇼'라고 합니다. 블로그가 정적인 공시 자료라면, 유튜브와 강의는 시장 참여자들과 직접 호흡하며 신뢰를 쌓는 '실시간 투자 설명회'입니다.

여기서 많은 직장인이 첫 번째 장벽에 부딪힙니다. "나는 내 얼굴을 공개할 준비가 되지 않았어", "회사 동료들이 알아볼까 봐 무서워"라는 공포입니다. 하지만 냉정하게 생각하십시오. 주식 시장에서 우리가 엔비디아나 애플에 투자할 때, CEO의 외모가 잘생겼는지 확인하고 투자합니까? 아닙니다. 그들이 제시하는 데이터, 비전, 그리고 문제를 해결하는 통찰력을 보고 투자합니다.

1인 기업가인 당신도 마찬가지입니다. 당신의 상장을 기다리는 잠재 고객(투자자)들은 당신의 얼굴이 아니라, 당신이 제공하는 '지식의 해상도'와 '목소리의 진정성'에 더 큰 가치를 둡니다. 이제 '얼굴 없는 전문가'의 시대입니다. 얼굴을 드러내지 않고도 시장의 신뢰를 얻는 방법은 얼마든지 있으며, 오히려 신비주의가 당신의 전문성을 돋보이게 하는 강력한 브랜드 전략이 될 수도 있습니다.

2. '얼굴 없는 전문가'의 레버리지: AI와 시스템을 활용한 로드쇼

기술의 발전은 1인 기업가에게 최고의 은폐막이자 강력한 스피커를 선물했습니다. 실제 모습이 나오지 않아도 시장과 깊게 소통할 수 있는 세 가지 레버리지를 활용하십시오.

- **지식의 시각화** (Screen Recording & Slides): 얼굴 대신 당신이 정리한 전문 자료, AI로 분석한 데이터 차트, 혹은 업무 프로세스를 직접 보여주는 화면 공유 방식을 활용하십시오. 독자들은 당신의 얼굴을 보는 것보다 당신의 '노하우'가 담긴 화면을 보는 것에 더 열광합니다.
- **AI 보이스와 아바타:** 당신의 목소리를 직접 내기 부담스럽다면 고도화된 AI 음성 합성 기술을 사용하거나, 당신의 페르소나를 대변할 캐릭터/아바타를 내세우십시오. 일관된 캐릭터는 실제 인물보다 더 강력한 '브랜드 심볼'이 됩니다.
- **텍스트와 통찰의 결합:** 화려한 영상미보다 중요한 것은 자막과 내레이션에 담긴 당신의 '관점'입니다. 1인 기업가인 당신은 연예인이 아니라 '해결사'로 상장하는 것임을 명심하십시오. 본질에 집중하면 얼굴 노출이라는 제약은 더 이상 장애물이 되지 않습니다.

3. 유튜브: 24시간 가동되는 '나 주식회사'의 상설 홍보관

유튜브는 단순히 영상을 올리는 곳이 아니라, 당신의 비즈니스 모델을 검증하고 팬덤(우호 지분)을 모으는 '데이터 센터'입니다.

- **시장의 반응을 수집하는 리트머스 시험지:** 당신이 가진 니치한 지식을 짧은 영상으로 공시해 보십시오. 어떤 주제에 사람들이 반응하는지, 어떤 댓글(질문)이 달리는지를 분석하면 당신이 어떤 '유료 모델'을 설계해야 할지 정답이 나옵니다.
- **신뢰 자산의 축적:** 꾸준히 목소리를 내고 가치를 전달하는 영상이 쌓이면, 시장은 당신을 '준비된 상장 후보'로 인식합니다. 영상 한 편 한 편은 당신 기업의 주가를 지탱하는 '무형 자산'이 되어 복리로 자라납니다.
- **영업의 자동화:** 잘 만든 영상 한 편은 당신을 대신해 수천 명의 잠재 고객을 만납니다. 이는 당신의 노동력을 투입하지 않고도 시장 점유율을 높이는 가장 강력한 '레버리지 경영'입니다.

4. 강의: 실시간 시장 검증과 '공모주 청약'의 현장

유튜브가 불특정 다수를 향한 로드쇼라면, 강의(웨비나, 온라인 클래스)는 당신의 가치를 인정하는 핵심 투자자들과 만나는 **공모주 청약** 현장입니다.

- **실전 근육의 단련:** 강의는 당신의 지식을 논리적으로 전달하고, 즉각적인 피드백을 받는 가장 혹독한 상장 심사대입니다. 청중의 질문에 답하며 당신의 논리는 더 날카로워지고, 당신의 시스템은 더 정교해집니다.
- **수익 구조의 다변화:** 강의는 1인 기업가의 가장 즉각적인 현금 흐름 창출원입니다. 회사를 다니는 동안 아주 작은 소규모 무료 강의부터

나라는 기업을 상장하라

시작해, 점차 고부가가치 유료 강의로 전환하며 당신 지식의 '시장 가격'을 확인하십시오.

- **취미와 전문성의 융합**: 강의는 당신의 딱딱한 전문 지식에 당신만의 취미나 독특한 라이프스타일을 섞어 전달하기 가장 좋은 매체입니다. 사람들은 지식만 전달하는 기계가 아니라, 독특한 철학을 가진 '사람(시스템)'에게 지갑을 엽니다.

5. 제이안의 통찰: 상장은 '보여주는 것'이 아니라 '연결되는 것'이다

얼굴을 가리고도 상장에 성공한 수많은 기업이 있습니다. 중요한 것은 당신의 모습이 아니라, 당신이 세상에 던지는 '가치의 파동'입니다. 회사를 다니는 지금, 당신만의 로드쇼를 시작하십시오.

- **낮에는 회사의 실무 현장에서 생생한 사례를 수집하십시오.**
- **밤에는 얼굴 뒤에 숨어 당신의 목소리와 화면으로 그 사례를 해결책으로 변환하십시오.**

유튜브 구독자가 한 명 늘어날 때마다, 강의 후기에 "도움이 되었습니다"라는 글이 달릴 때마다 당신이라는 기업의 시가총액은 한 칸씩 올라갑니다. 당신은 더 이상 고용되기를 기다리는 피동적인 존재가 아닙니다. 당신은 당신의 가치를 시장에 공시하고, 실시간으로 소통하며 미래를 제안하는 능동적인 경영자입니다. 상장의 종소리는 당신이 첫 영상을 업로드하고, 첫 강의를 시작하는 그 용기 있는 순간 이미 울리고 있습니다.

'얼굴 없는 로드쇼'를 위한 3대 성공 규칙

모습을 드러내지 않고도 시장의 강력한 우호 지분을 확보하기 위한 제이안의 실전 제언입니다.

1. '목소리'와 '오디오'의 품질에 투자하라

얼굴이 나오지 않을 때 시청자가 의존하는 유일한 감각은 청각입니다. 비싼 카메라는 필요 없지만, 좋은 마이크에는 투자하십시오. 차분하고 신뢰감 있는 목소리 톤을 연구하십시오. 당신의 목소리가 곧 당신 기업의 '로고'가 됩니다.

2. '자료의 가시성'을 극대화하라

시각적 정보가 부족하면 시청자는 금방 이탈합니다. AI를 활용해 도식화된 차트, 깔끔한 폰트의 자막, 그리고 직관적인 업무 템플릿을 화면에 배치하십시오. "이 영상은 멈춰놓고 필기해야 할 정도다"라는 찬사가 나올 만큼 정보의 밀도를 높여야 합니다.

3. '재무적 멘탈'을 실시간으로 공시하라

강의나 영상 중간중간에 당신의 자산 관리 원칙과 시스템 투자 철학을 은연중에 녹여내십시오. "나는 시스템을 통해 변동성을 관리하는 사람"이라는 정체성은 얼굴을 보여주는 것보다 훨씬 더 강력한 '전문가적 아우라'를 형성합니다.

이번 주부터 얼굴 노출 없이 시작할 수 있는 당신만의 로드쇼를 기획하십시오.

로드쇼 구분	준 비 물 (Tool)	첫 번째 공시 내용	기대 효과
유튜브 (상설 홍보관)	화면 녹화툴, 마이크	내 전문 분야의 가장 큰 문제 해결법 1위	잠재고객 데이터수집 및 신뢰 구축
강의 (공모청약)	줌(Zoom), PPT	"나의 AI 업무 자동화 노하우" 30분 무료 세미나	유료모델 전환 가능성 타진
AI 레버리지	AI 음성, 자동 자막 툴	AI로 요약 및 배포 자동화	지속 가능한 콘텐츠 생산체계 완성
재무팀 연동	리밸런싱 기록	투자 철학을 콘텐츠화	경영자로서의 철학적 깊이 증명

실행 팁: 첫 영상은 3분이면 충분합니다. 얼굴이 나오지 않으니 부담을 버리십시오. 당신의 컴퓨터 화면을 녹화하며 당신의 생각을 조곤조곤 설명하는 것, 그것이 당신의 시가총액을 바꾸는 위대한 첫 번째 '공모'입니다.

제이안의 한마디

시장은 당신의 미모에 박수를 보내지 않습니다. 당신의 탁월한 해결책에 지갑을 엽니다. 얼굴 뒤로 숨되, 당신의 가치는 전면에 내세우십시오. 4월과 10월에 당신의 계좌를 리밸런싱하듯, 당신의 소통 방식도 시장의 피드백에 맞춰 끊임없이 고도화하십시오. 당신의 가치가 진짜라면, 시장은 반드시 당신을 찾아낼 것입니다.

28

[우호 지분 ①]

나를 지지하는 1,000명의 팬이
시가총액을 결정한다

1. 시가총액의 본질: 숫자가 아니라 '믿음의 크기'다

주식 시장에서 기업의 가치는 현재의 매출액만으로 결정되지 않습니다. 그 기업의 미래를 믿고 주식을 팔지 않을 '우호 지분'이 얼마나 단단하냐에 따라 시가총액의 하단이 결정됩니다. 테슬라나 애플 같은 기업들이 높은 멀티플을 받는 이유는 그들의 제품을 단순히 소비하는 고객을 넘어, 그 기업의 철학에 열광하며 위기 때마다 주가를 방어해 주는 강력한 팬덤(우호 주주)이 존재하기 때문입니다.

1인 기업가로 상장하려는 당신의 '시가총액' 역시 마찬가지입니다. 당신이 얼마나 많은 사람에게 노출되느냐 보다 중요한 것은, 당신이 제공하는 가치에 기꺼이 지갑을 열고 당신의 성장을 진심으로 응원하는 '1,000명의 진성 팬'을 보유하고 있느냐입니다. 이들은 당신이라는 종목의 하락장을 막아주는 방어막이자, 새로운 서비스를 런칭할 때 가장 먼저 '청약'에 참여해 줄 핵심 주주들입니다. 1,000명의 진성 팬이 있다면 당신은 더 이상 시장의 눈치를 보지 않아도 됩니다. 그들이 곧 당신 기업의 안정적인 매출이자, 시가총액 그 자체이기 때문입니다.

2. '단순 고객'과 '우호 지분'의 결정적 차이

많은 이들이 팔로워 수나 조회수라는 허상에 매몰됩니다. 하지만 경영자의 눈으로 볼 때, 뜨내기 고객과 우호 지분은 엄격히 구분되어야 합니다.

- **뜨내기 고객 (단기 투자자):** 오직 '가격'과 '편리함'에 반응합니다. 당신보다 더 싼 가격이나 더 화려한 서비스를 제공하는 경쟁자가 나타나면 즉시 당신을 손절하고 떠납니다. 이들에게 의존하는 비즈니스는 언제나 가격 경쟁의 늪에서 허덕이며 주가(몸값)가 불안정할 수밖에 없습니다.
- **진성 팬 (우호 지분):** 당신의 '철학'과 '스토리'에 반응합니다. 당신이 실수를 하거나 잠시 주춤하더라도 기다려줍니다. 이들은 당신의 서비스를 구매하는 행위를 통해 자신의 정체성을 확인합니다. 이들이 확보된 1인 기업은 광고비 지출 없이도 구전(Word of Mouth)이라는 강력한 마케팅 엔진을 공짜로 가동하게 됩니다.

3. 직장이라는 안전판 위에서 '팬덤'의 씨앗을 뿌려라

사표를 던지고 야생에 나가서 팬을 모으려 하면 조급함이 묻어납니다. 돈이 급해지면 진정성 있는 소통보다는 당장 돈이 되는 자극적인 메시지를 던지게 되고, 이는 팬덤의 형성을 방해합니다. 그래서 우리는 **회사를 다니는 동안 이 '우호 지분'을 확보**해야 합니다.

- **실패해도 괜찮은 실험실:** 월급이라는 안정적인 현금 흐름이 있을 때,

당신의 독특한 취미나 전문성을 바탕으로 다양한 콘텐츠를 시도해 보십시오. 시장의 반응을 살피며 어떤 페르소나에 사람들이 열광하는지 테스트하는 과정은, 직장인만이 누릴 수 있는 특권입니다.

- **진정성의 축적:** 팬덤은 하루아침에 생기지 않습니다. 당신이 퇴근 후 2시간 동안 정직하게 쌓아 올린 기록들, 실패와 극복의 서사들이 쌓여 신뢰라는 자산이 됩니다. 회사가 당신의 시간을 사는 동안, 당신은 세상의 '마음'을 사 모아야 합니다.

4. AI와 시스템: 1,000명을 관리하는 1인 기업의 재무/운영팀

혼자서 1,000명의 팬과 소통하는 것은 물리적으로 불가능해 보일 수 있습니다. 여기서 다시 한번 레버리지 전략이 필요합니다.

- **AI 소통의 레버리지:** 팬들의 반복적인 질문에 답하고, 그들의 니즈를 분석하는 일에 AI를 활용하십시오. 당신의 철학을 학습한 AI 챗봇이나 자동화된 뉴스레터 시스템은 당신이 잠든 사이에도 우호 지분과의 관계를 유지해 줍니다.
- **재무적 자유가 주는 고결함:** 제가 강조하는 자산 배분 시스템은 당신이 팬들에게 '비굴하지 않은 제안'을 할 수 있게 돕습니다. 연 7~10%의 수익이 회사를 다닐 동안 복리로 누적되는 든든한 사내 재무팀(포트폴리오)이 생활비를 벌어주고 있다면, 당신은 단기 수익을 위해 팬들의 신뢰를 저버리는 선택을 하지 않습니다. 이 고결함과 여유가 팬들을 더욱 강력하게 결집시키는 '브랜드의 향기'가 됩니다.

5. 제이안의 통찰: 우호 지분은 당신의 '엑싯(Exit)' 전략이다

진정한 독립 상장이란 단순히 회사를 그만두는 것이 아닙니다. 당신을 지지하는 1,000명의 우호 지분을 들고, 당신만의 경제 생태계를 구축하여 나가는 것입니다. 이 지분이 확보된 사람에게 퇴사는 '위험한 모험'이 아니라, 더 큰 시장으로 나가는 '화려한 데뷔'가 됩니다.

당신을 사랑하는 1,000명의 팬이 만들어내는 '지식 자산의 복리'는 그 어떤 우량주보다 가파르게 성장할 수 있습니다. 4월과 10월에 당신의 자산을 리밸런싱하듯, 당신의 팬덤과 나누는 가치 또한 끊임없이 점검하고 고도화하십시오.

1,000명은 적은 숫자가 아닙니다. 그들은 당신이라는 기업의 운명을 결정할 주주 명부입니다. 오늘 당신은 그 명부에 몇 명의 이름을 올렸습니까? 당신의 진심이 담긴 공시(콘텐츠)를 통해 세상에 당신의 우호 지분을 늘려 나가십시오. 시가총액은 그 믿음의 무게만큼 따라올 것입니다.

'우호 지분' 확보를 위한 3대 주주 관리 수칙

당신이라는 종목의 주가를 지탱해 줄 진성 팬을 모으기 위해 제이안이 제안하는 원칙입니다.

1. '모두'를 위한 것은 '누구'를 위한 것도 아니다

전 국민의 사랑을 받으려 하지 마십시오. 당신의 종목 코드는 뾰족해야 합니다. 당신의 독특한 취미, 투박한 말투, 소수만이 공감하는 전문성에 집중할수록 우호 지분은 더 단단해 집니다. 당신을 싫어하는 사람을 설득하려 에너지를 쓰지 말고, 당신을 좋아하는 1,000명에게 집중하십시오.

2. '수익'보다 '성공 사례'를 먼저 공시하라

1인 기업가에게 최고의 IR 자료는 당신의 도움으로 변화된 팬들의 성공 사례입니다. 당신의 시스템이 타인의 문제를 어떻게 해결했는지 투명하게 공유하십시오. 당신의 이익보다 팬의 성장을 우선시하는 태도가 보일 때, 사람들은 기꺼이 당신의 '장기 보유 주주'가 됩니다.

3. '재무적 독립성'을 브랜딩의 기초로 삼으라

"나는 돈 때문에 이 일을 하는 것이 아니다"라는 메시지는 실제로 돈이 있을 때만 힘을 얻습니다. 현 직장의 안정적인 월급과 정해진 원칙에 따라 리밸런싱하며 쌓아 올린 당신의 자산 시스템은 당신의 발언에 '진정성'이라는 강력한 무게추를 달아줍니다. 재무가 안정된 사람의 조언은 그 자체로 '우량한 종목'처럼 보입니다.

[*Action Plan*] 나 주식회사 '우호 주주 명부' 구축하기

지금 당장 당신의 우호 지분을 확보하기 위한 구체적인 액션을 시작하십시오.

지분 구분	현재 상태	6개월 뒤 목표	핵심 실행 과제
핵심 지주 (진성 팬)	0명	100명	1:1 상담 및 깊이 있는 뉴스레터 발송
우호 세력 (구독자)	100명 미만	1,000명	주 1회 전문 인사이트 공시(SNS/블로그)
잠재 주주 (시청자)	불특정 다수	타겟팅 된 10,000명	내 '종목 코드'와 일치하는 키워드 선점
재무 시스템 (지지대)	적립식 투자 중	리밸런싱 시스템 안착	수입의 30%를 글로벌 자산 시스템에 예치

실행 팁: 오늘 당신의 콘텐츠에 정성스러운 댓글을 남긴 단 한 사람에게 집중하십시오. 그 사람의 **프**로필을 들어가 보고, 어떤 고민이 있는지 연구하여 그만을 위한 답장을 보내십시오. 첫 번째 '진성 주주'는 그렇게 한 명씩 직접 모으는 것입니다.

제이안의 한마디

시가총액은 타인이 매기는 숫자에 불과하지만, 우호 지분은 당신이 직접 일궈낸 신뢰의 결정체입니다. 1,000명의 마음을 얻으십시오. 그러면 세상의 그 어떤 금융 위기 속에서도 당신이라는 기업은 굳건히 살아남을 것입니다. 당신의 상장을 지지하는 1,000명의 함성이 들릴 때까지, 멈추지 말고 가치를 공시하십시오.

29.

[우호 지분 ②]

인맥이 아니라 '지분 구조'다:
누구와 파트너가 될 것인가

1. 당신의 인맥은 '부채'인가, '자본'인가?

직장인들은 흔히 '인맥이 재산'이라고 말하며 명함을 주고받는 모임에 열중합니다. 하지만 1인 기업가로 상장하려는 CEO의 관점에서 볼 때, 대부분의 인맥은 '자본'이 아니라 '부채'에 가깝습니다. 단순히 술잔을 기울이며 회사 험담을 나누거나, 목적 없이 연결된 관계들은 당신의 소중한 시간과 감정 에너지를 갉아먹는 매몰 비용일 뿐입니다.

상장을 앞둔 기업은 '지분 구조'를 설계할 때 매우 신중합니다. 누가 대주주인지, 누가 전략적 파트너인지에 따라 기업의 신뢰도와 미래 성장성이 완전히 달라지기 때문입니다. 당신이라는 기업도 마찬가지입니다. 이제 '인맥 관리'라는 모호한 단어를 버리고, '지분 구조 설계'라는 경영적 마인드를 장착해야 합니다. 당신의 성장을 진심으로 돕고, 당신의 시스템에 결여된 조각을 채워주며, 위기 때 함께 방어막을 쳐줄 수 있는 이들이 누구인지 선별하는 과정이 바로 성공적인 IPO의 핵심 전략입니다.

192

2. '단일 주주'의 위험: 회사 인맥에만 몰빵하지 마라

주식 시장에서 지분 구조가 대주주 한 명에게 100% 집중되어 있다면, 그 기업은 외부 충격에 매우 취약합니다. 직장인의 지분 구조가 딱 이렇습니다. 당신의 시간과 인맥, 정보의 90% 이상이 '현재 다니는 회사'라는 단일 주주에게 귀속되어 있습니다.

이런 구조에서는 회사가 당신을 손절(퇴사)하는 순간, 당신의 모든 인맥 자산은 상장 폐지됩니다. 회사를 다니는 동안 당신이 해야 할 R&D는 이 비정상적인 지분 구조를 **리밸런싱**하는 것입니다.

- **전략적 투자자(SI):** 당신의 전문 지식을 확장해 줄 다른 업계의 전문가들.
- **재무적 투자자(FI):** 당신의 자산 시스템을 함께 고민하고 검증할 투자 커뮤니티.
- **우호 주주:** 당신의 콘텐츠에 반응하고 지지해 주는 진성 팬덤.

이들이 당신의 지분 구조에 적절히 배치될 때, 당신은 비로소 회사라는 울타리를 넘어 세상이라는 시장에 독립적으로 상장될 자격을 갖추게 됩니다.

3. 누구를 파트너로 선택할 것인가: 3대 파트너십 원칙

1인 기업가는 몸이 하나이기에 모든 사람과 파트너가 될 수 없습니다. 당신의 시가총액을 높여줄 '우량 파트너'를 고르는 세 가지 기준을 제시합니다.

첫째, '결핍의 상호 보완'이 가능한가?

비즈니스 파트너십은 '지분 교환'입니다. 당신에게는 날카로운 기술(AI 활용, 전문 지식)이 있고, 파트너에게는 강력한 마케팅 채널(유튜브, 커뮤니티)이 있다면 이는 완벽한 지분 구조입니다. 서로 비슷한 사람끼리 모여 위로를 나누는 것은 동호회일 뿐입니다. 당신의 해자를 더 깊게 만들어줄 수 있는, 당신과 '다른' 강점을 가진 사람을 파트너로 영입하십시오.

둘째, '복리적 사고'를 공유하는가?

단기적인 이익만 쫓는 사람을 지분 구조에 넣지 마십시오. 그들은 당신이 어려워지면 가장 먼저 지분을 던지고 도망갈 '단기 매매꾼'들입니다. 지식 자산의 축적과 자본 시스템의 성장이 복리로 일어난다는 진리를 믿는 사람, 즉 긴 호흡으로 비즈니스를 바라보는 사람과 손을 잡으십시오.

셋째, '재무적 체력'이 검증되었는가?

아이러니하게도 최고의 비즈니스 파트너는 돈이 급하지 않은 사람입니다. 제가 강조하는 자산 배분 시스템을 각자 충실히 운영하며 재무적 해자를 갖춘 파트너들을 찾으십시오. 각자의 '사내 재무팀'이 든든하게 버티고 있는 파트너십은, 당장의 수입에 일희일비하지 않고 본질적인 가치 창출에만 집중할 수 있는 '무적의 연합군'이 됩니다.

4. 제이안의 통찰: 상장은 '나'를 넘어 '우리'의 가치를 증명하는 것이다

1인 기업은 혼자 일하지만, 결코 고립된 섬이 아닙니다. 상장이라는 것은 당신이라는 개별 종목이 시장의 수많은 우량 종목과 연결되어 새로운

나라는 기업을 상장하라

가치를 만들어내는 과정입니다.

회사를 다니는 지금, 당신만의 '이사진'을 구성하십시오.

- 낮에는 회사의 인맥 중에서 훗날 독립했을 때 함께할 수 있는 'A급 인재'를 선별하십시오.
- 밤에는 퇴근 후 연구소와 미디어 채널을 통해 회사 밖의 '전략적 투자자'들과 교류하십시오.

인맥은 흩어지면 사라지지만, 지분 구조로 엮인 파트너십은 복리로 증폭됩니다. 당신의 성공을 자신의 성공처럼 기뻐해 줄 우호 지분들이 당신의 주주 명부에 가득 찰 때, 당신의 IPO는 이미 절반 이상 성공한 것입니다. 당신은 누구에게 당신 기업의 지분을 나누어 주겠습니까? 그리고 누구의 지분을 당신의 포트폴리오에 담겠습니까? 오늘 당신의 인맥을 지분 구조의 관점에서 냉정하게 리밸런싱하십시오.

우량 파트너를 선별하는 '지분 구조' 체크리스트

당신의 미래 가치를 함께 만들어갈 파트너를 검증하기 위한 제이안의 3대 필터입니다.

1. '시스템적 사고' 유무 확인
그 사람은 자신의 노동력을 갈아 넣어서만 일합니까, 아니면 AI나 자동화된 시스템을 구축하여 효율을 높이려 노력합니까? 시스템이 없는 파트너는 결국 당신의 시간까지 갉아먹게 됩니다. 레버리지를 이해하는 사람만이 당신의 우호 지분이 될 자격이 있습니다.

2. '취미의 전문성' 관찰
그가 가진 취미가 단순한 유흥입니까, 아니면 비즈니스 모델로 전환 가능한 깊이를 가지고 있습니까? 취미를 직업화 할 줄 아는 창의적인 인간은 당신의 비즈니스에 예상치 못한 '업사이드(Upside)'를 가져다 줄 히든카드입니다.

3. '재무적 맷집' 테스트
그는 시장의 변동성에 일희일비합니까, 아니면 자신만의 자산 배분 원칙을 고수하며 평온함을 유지합니까? 하락장에 멘탈이 무너지는 파트너와 함께라면 당신의 비즈니스도 함께 흔들**립**니다. 시스템 투자를 이해하고 실천하는 파트너가 최고의 우량주입니다.

나라는 기업을 상장하라

지금 당장 당신 주위의 인맥을 기업 경영의 관**점**에서 재배치하십시오.

파트너 유형	현재 인물/그룹	기대되는 시너지 (Role)	개선 및 강화 방안
핵심 대주주 (나)	나 자신	의사결정 및 핵심 R&D	AI 역량 강화 및 자산 시스템 고도화
전략적 투자자 (SI)	타 부서 유능한 동료	기술적 보완 및 시장 확장	정기적인 지식 교류 및 프로젝트 협의
재무적 투자자 (FI)	투자 커뮤니티/ 멘토	리스크 관리 및 재무 조언	시스템 투자 원칙 공유 및 검증
우호 지분 (팬덤)	유튜브 구독자/ 독자	시장 지지 및 초기 매출 확보	지속적인 가치 공시 및 소통 강화

실행 팁: 이번 주에는 무의미한 회식이나 모임 한 곳을 '손절'해 보십시오. 그리고 그 시간에 당신이 평소 닮고 싶었던 분야의 전문가에게 정중한 이메일이나 DM을 보내 보십시오. 당신의 지분 구조에 새로운 '대형 기관 투자자'를 영입하는 첫걸음입니다.

제이안의 한마디

인맥은 수첩에 적힌 이름의 수가 아니라, 당신이 위기에 처했을 때 당신의 '종목'을 팔지 않고 끝까지 보유해 줄 사람의 수입니다. 사람을 모으려 하지 말고, 당신의 가치에 동의하는 '주주'를 모으십시오. 든든한 지분 구조 위에서 당신의 상장은 흔들림 없는 우상향 곡선을 그릴 것입니다.

30.

[상장 예비 심사]

회사 안에서 미리 테스트하는
1인 기업 시뮬레이션

1. 상장 예비 심사: 야생으로 나가기 전 마지막 '안전 점검'

주식 시장에서 기업이 상장하기 위해서는 반드시 거쳐야 할 관문이 있습니다. 바로 한국거래소의 상장 예비 심사입니다. 기업의 투명성, 수익성, 지속 가능성을 현미경처럼 들여다보고 "이 기업은 대중의 자본을 받을 자격이 있다"고 승인하는 과정입니다. 1인 기업가로 독립하려는 당신에게도 이 과정이 반드시 필요합니다. 단, 심사위원은 거래소가 아니라 바로 당신 자신이며, 심사 장소는 당신이 현재 다니고 있는 회사여야 합니다.

대책 없는 퇴사는 심사 없이 시장에 뛰어드는 무모한 상장 시도와 같습니다. 결과는 대개 처참한 '상장 폐지'로 끝납니다. 진짜 경영자는 월급이라는 강력한 보험이 있을 때, 자신의 비즈니스 모델을 가차 없이 몰아붙여 봅니다. 회사를 다니며 1인 기업 시뮬레이션을 돌려보는 것은 실패의 리스크를 '0'으로 수렴시키면서 성공의 확률을 복리로 높이는 가장 영리한 전략입니다. 지금 당신이 앉아 있는 사무실 책상은 당신 주식회사의 첫 번째 실험실이자, 상장 예비 심사대입니다.

198

2. 시뮬레이션 1단계: '시간 자본'의 효율성 테스트

1인 기업의 가장 큰 자본은 시간입니다. 당신이 독립했을 때 가장 먼저 마주할 문제는 '내가 모든 것을 다 할 수 있는가?'입니다. 이를 회사 안에서 미리 테스트하십시오.

- **AI를 활용한 업무 해킹:** 현재 당신에게 주어진 8시간의 업무를 AI 툴을 활용해 4시간 만에 끝낼 수 있는지 실험하십시오. 만약 이것이 가능하다면 당신은 1인 기업을 경영할 수 있는 '운영 효율성' 심사를 통과한 것입니다.
- **집중력의 밀도 측정:** 확보된 4시간 동안 당신의 'N개의 엔진(미디어 채널, 지식 자산 구축 등)'을 얼마나 밀도 있게 가동할 수 있는지 점검하십시오. 회사의 소음 속에서도 당신의 프로젝트에 몰입할 수 없다면, 야생의 고독함 속에서는 더더욱 길을 잃기 쉽습니다.

3. 시뮬레이션 2단계: '지식 상품'의 시장 적합성 테스트

당신의 전문성이 회사 간판 없이도 팔리는지 확인하는 과정입니다.

- **사내외 자문 서비스의 유료화 시도:** 회사 안팎에서 당신의 도움을 필요로 하는 사람들에게 무료가 아닌 아주 작은 비용(커피챗 비용 등)을 청구해 보십시오. 혹은 PDF 전자책이나 작은 온라인 강의를 런칭하여 '모르는 타인'이 당신의 가치에 지갑을 여는지 확인하십시오.
- **미디어 공시의 반응 확인:** 블로그나 SNS에 올리는 당신의 통찰(공시)

에 사람들이 얼마나 반응하는지, 그들이 당신을 '전문가'로 인정하는지 지표로 확인하십시오. 구독자 수보다 중요한 것은 당신에게 구체적인 '문제 해결'을 의뢰하는 메시지의 빈도입니다. 이 데이터가 쌓여야 비로소 수익성 심사를 통과할 수 있습니다.

4. 시뮬레이션 3단계: '재무 시스템'의 맷집 테스트

독립 후 가장 큰 공포는 변동성입니다. 이를 견딜 수 있는 '사내 재무팀'이 완비되었는지 점검하십시오.

- **가상 퇴사 시나리오:** 이번 달 월급이 들어오지 않았다고 가정하고, 오직 당신의 시스템 투자 수익과 부업 소득만으로 생활할 수 있는지 가계부를 리밸런싱해 보십시오.
- **시스템의 자동 운용:** 시장이 급변할 때 당신의 글로벌 자산 배분 포트폴리오(S&P 500, 나스닥 등)가 얼마나 흔들림 없이 당신의 멘탈을 방어해 주는지 확인하십시오. 정해진 원칙에 따라 자산을 배분하고 리밸런싱하는 루틴이 완전히 습관화되었는지가 상장 예비 심사의 핵심 지표입니다. 재무 시스템이 당신의 감정을 통제하고 있다면, 당신은 심리적 안정성 심사를 통과한 것입니다.

5. 제이안의 통찰: 상장 승인 버튼은 '데이터'가 누르는 것이다

상장 예비 심사에서 탈락했다고 실망할 필요는 없습니다. 그것은 "아직 더 준비해야 할 R&D가 남았다"는 시장의 친절한 피드백입니다. 오히려 회사 안에서 실패를 발견하는 것이 독립 후 길거리에서 실패를 마주하는 것보다 백 배 낫습니다.

회사는 당신의 꿈을 가로막는 곳이 아니라, 당신의 꿈을 공짜로 테스트하게 해주는 거대한 '시뮬레이터'입니다.

- **회사의 업무를 당신의 실력을 연마하는 교재로 쓰십시오.**
- **회사의 월급을 당신의 시스템을 키우는 투자금으로 쓰십시오.**
- **회사의 동료들을 당신의 첫 번째 잠재 고객이자 파트너로 생각하십시오.**

노동 소득의 속도는 자본 소득을 이길 수 없지만, 노동 소득이 유지되는 동안 구축한 '비즈니스 시스템'과 '자본 시스템'은 당신을 무적의 1인 기업가로 만듭니다. 시뮬레이션 결과가 "Go"를 외칠 때, 당신의 몸값(주가)은 이미 전고점을 돌파해 있을 것입니다. 퇴사는 그때 하는 것입니다. 상장은 준비된 자의 축제여야 합니다.

'나 주식회사' 상장 예비 심사 자가 채점표

독립을 선언하기 전, 아래 **5개** 항목에서 최소 **4개** 이상의 '승인'을 받아야 합니다.

1. [운영 부문] AI 레버리지율

현재 업무의 **50%** 이상을 AI나 시스템으로 자동화하여 본업 수행 시간을 획기적으로 줄였는가?

( ) 승인 / ( ) 미흡

2. [수익 부문] 첫 유료 매출 발생

회사 월급 외에 오직 내 이름과 지식으로 시장에서 1만 원 이상의 매출을 3회 이상 발생시켰는가?

( ) 승인 / ( ) 미흡

3. [마케팅 부문] 우호 지분 확보

나의 전문 분야에서 나를 지지하고 의견을 묻는 진성 팬(구독자/이웃)이 100명 이상인가?

( ) 승인 / ( ) 미흡

4. [재무 부문] 시스템 방어막 가동

글로벌 자산 배분 원칙(60:40 등)에 따라 리밸런싱을 2회 이상 수행하며 자산의 우상향 시스템을 구축했는가?

( ) 승인 / ( ) 미흡

5. [철학 부문] 취미의 직업화 확신

내가 하려는 일이 단순히 돈을 위한 노동이 아니라, 내가 즐겁게 몰입할 수 있는 '취미와 전문성'의 결합인가?

( ) 승인 / ( ) 미흡

다음 주 일주일 동안 당신이 이미 '독립한 CEO'라고 생각하고 회사에서 다음과 같이 행동해 보십시오.

요일	시뮬레이션 미션	체크 포인트
월요일	업무 시간 다이어트	AI 툴을 총동원해 오늘 할 일을 오전 내에 끝내기
화요일	IR 공시 채널가동	본업에서 얻은 인사이트를 블로그/ SNS에 전문가 버전으로 공시하기
수요일	잠재 파트너 발굴	회사 안팎의 인재 중 독립 후 협업할 '우호 지분' 1명과 차 마시기
목요일	비즈니스 가설검증	내 유료 서비스 상세 페이지를 만들고 지인 3명에게 피드백 받기
금요일	재무 시스템 점검	현재 자산 비중 점검 및 시스템 수익 추이 확인하기

실행 팁: 이 일주일 동안 당신의 멘탈이 평소보다 즐겁고 여유로웠다면 상장 준비가 거의 끝난 것입니다. 하지만 더 큰 불안과 혼란을 느꼈다면, 아직 회사가 제공하는 '안전벨트'가 더 필요한 상태입니다. 조급해하지 마십시오. 시뮬레이션은 당신을 보호하기 위해 존재합니다.

제이안의 한마디

상장은 결과가 아니라 과정입니다. 회사 안에서의 매일이 당신 기업의 가치를 높이는 R&D 과정임을 잊지 마십시오. 당신의 시뮬레이션 데이터가 '성공'을 가리키는 날, 당신은 회사라는 둥지를 떠나 더 넓은 하늘에서 가장 화려하게 상장될 것입니다. 그때까지 당신의 시스템을 믿고, 묵묵히 숫자를 쌓아가십시오.

4부

배당금 받는 삶:
지속 가능한
독립을 위하여

31.

[골든 크로스]

사표를 던져도 좋은 데이터상의 신호들

1. 감정의 '데드 크로스'와 데이터의 '골든 크로스'

주식 투자에서 '골든 크로스'란 단기 이동평균선이 장기 이동평균선을 아래에서 위로 뚫고 올라가는 현상을 말합니다. 이는 강력한 상승 추세로의 전환을 의미하며, 매수 적기로 평가받습니다. 반면, 많은 직장인이 퇴사를 결심하는 순간은 데이터상의 신호가 아니라 감정의 '데드 크로스(Dead Cross)'인 경우가 많습니다. 상사와의 불화, 업무에 대한 회의감, 번아웃 등 부정적인 감정이 폭발할 때 충동적으로 사표를 던집니다.

하지만 준비된 1인 기업가에게 퇴사는 감정의 배설이 아니라 **치밀한 데이터의 승인**이어야 합니다. "회사에 있기 싫어서" 나가는 것이 아니라, "내 1인 기업의 가치와 시스템 소득이 월급의 안전판을 넘어섰기 때문에" 나가는 것이어야 합니다. 당신의 인생 그래프에서 독립이라는 이름의 '매수 버튼'을 눌러도 좋은 세 가지 골든 크로스 신호를 지금부터 확인해 보겠습니다.

2. 제1 신호: 재무적 골든 크로스(Passive Income vs Living Expenses)

가장 기본적이면서도 강력한 신호는 재무제표에서 옵니다. 제가 강조해

206

온 **자산 배분 시스템**이 만들어내는 현금 흐름이 당신의 최소 생활비를 넘어서는 지점입니다.

- **시스템의 자생력:** 당신이 구축한 글로벌 우량주 포트폴리오에서 발생하는 배당금과 기대 수익률의 합이, 당신이 숨만 쉬어도 나가는 고정 지출을 감당할 수 있어야 합니다.
- **리밸런싱의 성과:** 정해진 원칙에 따라 자산을 재배치하며 쌓아온 복리의 눈덩이가 일정 임계점을 넘었을 때, 당신은 비로소 '생존을 위한 노동'에서 해방될 자격을 얻습니다. 이 재무적 골든 크로스가 확인되지 않은 채 독립하는 것은 연료 없이 이륙하는 비행기와 같습니다.

3. 제2 신호: 비즈니스 골든 크로스 (Side Income vs Salary)

두 번째 신호는 당신이 회사 안에서 시뮬레이션해 온 '부캐' 프로젝트의 성과에서 옵니다.

- **수익의 항상성:** 일회성 큰 수익이 아니라, 지난 6개월에서 1년 동안 당신의 1인 비즈니스(지식 상품, 컨설팅, AI 솔루션 등)를 통해 발생한 수익이 월급의 일정 비율(최소 50~70%)에 도달하고 꾸준히 우상향하고 있는가?
- **확장성(Scalability)의 확인:** AI 레버리지를 활용했을 때, 당신이 투입하는 시간 대비 소득의 기울기가 월급의 상승 곡선보다 가파른가?
- **공모 청약의 성공:** 당신의 공시(블로그, SNS)와 로드쇼(유튜브, 강의)에 반응하는 '우호 지분(진성 팬)'이 임계치인 1,000명에 육박하여, 새로

운 서비스를 내놓을 때마다 즉각적인 매출이 일어나는 '완판'의 경험이 반복되고 있는가?

이 데이터들이 일치할 때, 시장은 당신이라는 종목에 '상장 승인'을 내린 것입니다.

4. 제3 신호: 시간의 골든 크로스 (Opportunity Cost vs Retained Value)

마지막 신호는 가장 주관적이지만 가장 결정적인 '기회비용'의 데이터입니다.

- **성장의 역전:** 회사 업무를 통해 배우는 가치(Internal R&D)보다, 당신의 개인 프로젝트를 통해 쌓이는 지식 자산(External R&D)의 가치가 압도적으로 커지는 순간입니다.
- **시간당 단가의 역전:** 당신이 회사에서 받는 시급보다, 당신의 시스템이나 콘텐츠를 통해 벌어들이는 시간당 가치가 더 높을 때입니다.
- **사표의 정당성:** "내가 회사에 있는 8시간이 내 1인 기업의 성장을 가로막는 가장 큰 손실이다"라고 데이터로 증명할 수 있을 때, 사표는 '도피'가 아니라 '자본 효율성을 위한 리밸런싱'이 됩니다.

5. 제이안의 통찰: 골든 크로스는 '확신'이 아니라 '확률'의 문제다

많은 이들이 "완벽한 확신이 들 때 나가겠다"고 말합니다. 하지만 자본 시장에 완벽한 확신이란 없습니다. 오직 승률이 높은 확률만 존재할 뿐입니다.

위의 세 가지 신호가 겹치는 '트리플 골든 크로스'가 목격된다면, 당신은 이미 직장인이라는 종목에서 기대할 수 있는 모든 수익을 거둔 셈입니다. 이제는 당신이라는 기업을 세상에 공개하여 더 큰 복리의 마법을 누려야 할 때입니다.

회사를 다니는 지금, 당신의 대차대조표와 손익계산서를 매달 업데이트 하십시오.

- **자산 시스템이 배당금을 얼마나 물어오는지,**
- **AI로 효율화한 당신의 부업이 얼마나 견고한 매출을 내는지,**
- **당신의 콘텐츠에 반응하는 팬덤이 얼마나 늘어나는지 숫자로 기록 하십시오.**

사표는 감정이 격해질 때 던지는 것이 아니라, 데이터가 "이제 나가서 더 크게 놀아도 좋다"고 공시할 때 우아하게 제출하는 것입니다. 골든 크로스가 일어나는 날, 당신은 공포가 아닌 설렘으로 제2의 창업, 즉 당신 인생의 IPO를 맞이하게 될 것입니다.

사표 제출 전 '최종 상장 승인' 체크리스트

감정에 속지 않고 데이터로 판단하기 위해 제이안이 제시하는 마지막 3대 지표입니다.

1. [금융 지표] 6:4 포트폴리오의 안정성
최근 하락장에서도 당신의 자산 배분 시스템이 리밸런싱 원칙에 따라 생활비의 최소 12개월 분량을 방어해 냈는가? 재무적 맷집이 확인되지 않았다면 골든 크로스는 일시적인 착시일 수 있습니다.

2. [운영 지표] AI 자동화 가동률
당신이 직접 개입하지 않아도 비즈니스의 핵심 **프**로세스(마케팅, 고객 응대, 콘텐츠 생성 등)가 AI와 시스템에 의해 70% 이상 자동으로 돌아가고 있는가? 몸이 아**프**거나 쉬고 싶을 때도 매출이 멈추지 않는 구조가 확인되어야 합니다.

3. [심리 지표] 독**립** 상장 후 100일 계획
퇴사 후 첫 100일 동안 매일 오전 **9**시부터 오후 6시까지 수행할 구체적인 경영 계획서(Action Plan)가 있는가? 막연한 자유에 대한 기대가 아니라, 치밀한 R&D 계획이 당신의 주가를 방어해 줄 것입니다.

<u>[*Action Plan*]</u> 나 주식회사 '골든 크로스' 추적 장부 만들기

오늘 당장 아래 표를 작성하여 당신의 상장 시**점**을 예측해 보십시오.

구분	현재 인물/그룹	기대되는 시너지 (Role)	달 성 률 (%)
시스템 소득 / 최소 생활비	예: 50만원 / 300만원	100% 이상(300만원)	16%
부업 수익 / 현재 월급	예: 100만원 / 500만원	70% 이상(350만원)	28%
진성 팬 수 / 목표 팬수	예: 150명 / 1,000명	1,000명 확보	15%
개인 R&D 시간 / 업무시간	예: 2시간 / 8시간	1:1 비율(8시간확보)	25%

실행 팁: 이 수치들은 매달 리밸런싱 데이에 함께 업데이트하십시오. 달성률이 80%를 넘어서는 순간, 당신은 이미 회사 안에서 '상장 예비 기업'으로 분류됩니다. 100%가 되는 날, 당신은 전 세계에서 가장 행복한 CEO로서 상장 종을 울리게 될 것입니다.

제이안의 한마디

골든 크로스는 우연히 오지 않습니다. 매일의 성실한 R&D와 철저한 시스템 관리가 쌓여 만들어지는 '필연의 신호'입니다. 숫자를 믿으십시오. 데이터가 당신의 자유를 보장할 때, 그때가 바로 당신의 진짜 인생이 시작되는 날입니다.

32.

[독립 선언]

퇴사 첫날의 공포를
설렘으로 바꾸는 경영 계획

1. 상장 첫날의 변동성: 자유라는 이름의 '공포'를 직면하라

기업이 상장(IPO)되는 첫날, 주가는 극심한 변동성을 보입니다. 축제의 분위기 속에서도 경영진은 긴장감을 늦추지 못합니다. 당신의 독립도 마찬가지입니다. 사표를 던지고 맞이하는 퇴사 첫날, 당신을 기다리는 것은 화려한 해방감이 아니라 '막막함'이라는 이름의 거대한 파도일 확률이 높습니다.

어제까지만 해도 나를 구속하던 출근 시간, 회의 일정, 상사의 지시가 사라진 자리에 '무한한 자유'가 들어섭니다. 하지만 준비되지 않은 자유는 독입니다. 갈 곳이 없고, 할 일이 명확하지 않은 상태에서 맞이하는 월요일 오전 9시는 1인 기업가에게 가장 위험한 시간입니다. 이 공포를 설렘으로 바꾸는 유일한 방법은 당신을 구속하던 '회사의 규율'을 대신할 '나만의 경영 계획서'를 즉시 가동하는 것입니다. 상장은 끝이 아니라, 당신이라는 종목의 주가를 관리해야 하는 '무한 책임 경영'의 시작입니다.

212

나라는 기업을 상장하라

2. 오전 9시의 '개장 타종': 경영자의 루틴을 설계하라

주식 시장은 정해진 시간에 문을 열고 닫습니다. 1인 기업가인 당신의 하루도 그래야 합니다. 퇴사 첫날부터 당신은 자신만의 '개장 루틴'을 실행해야 합니다.

- **9:00 AM - 시스템 점검 (Market Open):** 가장 먼저 당신의 '사내 재무팀'을 확인하십시오. 어제 미국 시장의 등락은 어떠했는지, S&P 500과 나스닥 지수의 흐름이 당신의 포트폴리오 비중(60:40 등)에 어떤 영향을 주었는지 점검하는 것으로 하루를 시작하십시오. 자산 시스템이 든든히 돌아가고 있다는 것을 확인하는 것만으로도 독립 후의 불안감은 절반으로 줄어듭니다.
- **9:30 AM - 핵심 R&D (Deep Work):** 뇌가 가장 맑은 시간에 당신의 핵심 가치를 높이는 일을 배치하십시오. 새로운 지식 상품 기획, AI 모델 튜닝, 혹은 고난도의 콘텐츠 제작이 여기에 해당합니다. 이 시간은 누구와도 타협하지 않는 'CEO의 집무 시간'이어야 합니다.
- **의도적인 분리:** 집에서 일한다면 업무 공간을 철저히 분리하십시오. 옷을 갖춰 입고 책상에 앉는 행위는 당신의 뇌에게 "이제 경영이 시작되었다"는 신호를 보내는 강력한 의식입니다.

3. 가상 본사(Virtual HQ) 구축: AI라는 팀원을 배치하라

직장에서는 비품, 통신, 보안 등을 회사가 챙겨줬지만 이제는 당신이 직접 구축해야 합니다. 하지만 1인 기업가는 물리적 사무실보다 '디지털 워

4부 상장 후 경영 - 배당금 받는 삶: 지속가능한 독립을 위하여

크플로우'를 구축하는 데 에너지를 써야 합니다.

- **AI 팀원 세팅:** 당신의 업무를 보조할 AI 비서들을 용도별로 배치하십시오. 자료 조사를 담당하는 AI, 초안을 작성하는 AI, 디자인을 돕는 AI 등 당신만의 '가상 조직도'를 만드십시오. 퇴사 후 당신이 해야 할 일은 이 AI 팀원들에게 적절한 지시(프롬프트)를 내리고 결과물을 검수하는 '총괄 매니저'의 역할을 수행하는 것입니다.
- **클라우드 기반 경영:** 모든 데이터와 프로젝트는 클라우드에 동기화되어 언제 어디서든 '이동식 본사'를 가동할 수 있어야 합니다. 시스템이 당신의 노동을 기억하고 저장할 때, 당신은 비로소 '몸으로 때우는 일'에서 벗어나 '머리로 경영하는 삶'으로 상장될 수 있습니다.

4. 현금 흐름의 리밸런싱: '배당금'과 '매출'의 하모니

퇴사 후 가장 큰 심리적 타격은 월급날 통장이 고요할 때 옵니다. 이를 방어하기 위해 당신은 **수익의 구조를 전격 리밸런싱**해야 합니다.

- **배당이라는 '기본 소득':** 제가 강조해 온 글로벌 자산 배분 시스템에서 나오는 배당금은 당신 기업의 '안정적인 기본 매출'입니다. 퇴사 첫날, 당신은 이 배당금이 들어오는 날짜들을 달력에 표기하며 재무적 안전판을 시각화하십시오.
- **서비스 매출의 목표치 설정:** 3부에서 준비한 유료 모델(PDF 전자책, 강의, 컨설팅 등)의 구체적인 월간 목표치를 설정하십시오. 직장에서의 성과 지표(KPI)를 이제는 당신 자신의 매출 지표로 전환하는 것입니다.

- **잉여 자본의 재투입**: 비즈니스에서 발생한 수익의 일부를 다시 S&P 500이나 나스닥 포트폴리오에 수혈하는 루틴을 멈추지 마십시오. 이것은 당신 기업의 '사내 유보금'을 쌓아 미래의 더 큰 독립을 준비하는 행위입니다.

5. 제이안의 통찰: 독립은 '소속'을 바꾸**는 것이** 아니라 **'주체'를** 바꾸**는 것이**다

많은 이들이 퇴사를 '회사에서 벗어나는 것'이라고 생각하지만, 진정한 독립은 '나라는 기업의 최대 주주이자 CEO로 취임하는 것'입니다. 퇴사 첫날의 공포는 당신이 여전히 누군가에게 고용되어야만 안전하다는 '피고용인 마인드'에 머물러 있기 때문에 발생합니다.

하지만 당신 뒤에는 지난 수년간 구축해 온 'N개의 엔진'이 있습니다.

- **AI가 당신의 생산성을 10배로 높여주고 있고,**
- **미디어 채널에는 당신을 지지하는 우호 지분들이 가득하며,**
- **글로벌 자산 시스템이 24시간 당신 대신 일하며 부를 수집하고 있습니다.**

이 데이터를 믿으십시오. 당신이 세운 경영 계획서의 첫 장에 "나는 오늘부로 나 자신의 가치를 시장에 상장한다"고 적으십시오. 공포는 계획이 없을 때 찾아오고, 설렘은 시스템이 작동할 때 시작됩니다. 오늘 당신의 경영은 성공적으로 개장되었습니다. 이제 당신만의 페이스로 우상향의 곡선을 그려나가십시오.

퇴사 첫 100일, 주가 방어를 위한 'CEO 수칙'

독립 상장 직후, 멘탈과 비즈니스가 무너지지 않기 위해 제이안이 권고하는 3대 수칙입니다.

1. '백수'가 아니라 '창업주'임을 잊지 마라
주변 지인이나 가족들에게 당신의 독립을 공식화하십시오. "잠시 쉰다"가 아니라 "내 비즈니스를 상장시켰다"고 말하십시오. 당신의 언어가 당신의 정체성을 결정합니다. 떳떳한 CEO의 태도가 우량한 파트너와 고객을 끌어모읍니다.

2. 90일 동안은 '수익'보다 '시스템'을 **점검**하라
퇴사 직후 돈에 눈이 멀어 닥치는 대로 일을 받으면 다시 '고급 노예'로 전락합니다. 첫 100일은 당신이 설계한 AI 워크플로우와 자산 리밸런싱 시스템이 매끄럽게 돌아가는지 확인하는 '안정화 기간'으로 삼으십시오. 시스템이 안착되면 수익은 복리로 따라옵니다.

3. '사내 재무팀(자산 배분)'의 보고를 신뢰하라
시장이 하락한다고 해서 다시 취직 자리를 알아보는 조급함을 버리십시오. 당신의 포트폴리오가 설계된 원칙(금, 채권, 글로벌 우량주)대로 작동하고 있다면, 그것은 일시적인 변동성일 뿐입니다. 시스템의 데이터가 당신의 멘탈을 지배하게 두십시오.

<u>*[Action Plan]*</u> 나 주식회사 '상장 첫날' 경영 체크리스트

사표를 제출한 그날, 혹은 **독립** 첫날 아침에 반드시 체크해야 할 항목들입니다.

항목	경영 지침	완료여부
재무상태표 공시	현재 내 총자산 비중(주식/채권/금) 확인 및 6개월 생활비 확보 점검	[ ]
운영 시간표 확정	오전 9시 개장부터 오후 6시 폐장까지의 시간 단위 루틴 설정	[ ]
디지털 본사 가동	주요 AI 툴 구독 및 클라우드 협업 도구 세팅 완료	[ ]
주주 소통 (마케팅)	블로그/SNS에 "나 주식회사"의 공식 출범 및 향후 비전 공시	[ ]
R&D 목표 설정	이번 달에 완성할 지식 상품 혹은 콘텐츠 시리즈 1개확정	[ ]

실행 팁: 독립 첫날, 평소보다 30분 일찍 일어나십시오. 그리고 당신이 가장 좋아하는 카페나 서재로 가서 이 체크리스트를 하나씩 지워나가십시오. 그 과정에서 느끼는 짜릿함이 바로 당신이 그토록 원하던 '자유의 맛'이자 '성공의 예감'입니다.

공포는 무지에서 오고, 확신은 데이터에서 옵니다. 당신의 시스템을 믿고 경영 계획을 집행하십시오. 퇴사 첫날은 당신의 인생이 상장 폐지되는 날이 아니라, 전 세계 시장이라는 거대한 무대에 당신의 이름이 찬란하게 등록되는 날입니다. 오늘부터 당신은 당신 인생의 유일한 결정권자입니다.

또한 많은 정리해고자 혹은 자발적 퇴직자들처럼 퇴직금을 소위 프랜차이즈 사업이나 자영업에 "몰빵"하는 퇴사 이후의 삶이 아닙니다. 제가 지금까지 설명한 내용에 퇴직금을 금융 투자에 재투자하라는 설명뿐이지, 퇴직금을 원천 자본금으로 자영업에 투자하라는 이야기는 절대 없습니다.

다시 말하지만 공포는 무지에서 오고, 확신은 데이터에서 옵니다!

33.

[변동성 관리 ①]

불규칙한 소득을
규칙적인 시스템으로 바꾸는 법

1. 월급이라는 마약에서 깨어난 뒤 마주하는 '소득의 파도'

직장인 시절, 우리는 매달 정해진 날짜에 입금되는 월급이라는 '확정 수익'에 길들여져 있었습니다. 하지만 1인 기업가로 상장한 직후 마주하는 현실은 전혀 다릅니다. 어떤 달은 직장 연봉에 육박하는 매출이 발생하다가도, 어떤 달은 소득이 '0'에 수렴하는 극심한 변동성을 겪게 됩니다. 이 '소득의 파도'는 1인 기업가의 멘탈을 파괴하는 가장 큰 원인입니다.

주식 시장에서 변동성은 리스크의 동의어입니다. 변동성이 큰 종목은 투자자들을 불안하게 만들고 가치 평가를 떨어뜨립니다. 당신이라는 기업도 마찬가지입니다. 소득이 들쭉날쭉하면 장기적인 R&D 투자가 불가능해지고, 당장 돈이 되는 자잘한 일들에 에너지를 뺏기게 됩니다. 1인 기업의 '지속 가능한 경영'을 위해서는 이 불규칙한 매출을 인위적으로 다듬어 규칙적인 시스템으로 변환하는 '소득 평활화(Income Smoothing)' 전략이 반드시 필요합니다.

219

2. 제1단계: '나 주식회사'의 가상 급여 시스템 구축

독립 후 가장 먼저 해야 할 일은 개인 계좌와 사업 계좌를 철저히 분리하고, 스스로에게 '가상 월급'을 주는 시스템을 만드는 것입니다.

- **법인형 통장 운영:** 비즈니스에서 발생한 모든 매출은 일단 '나 주식회사'의 법인 격 통장에 담습니다. 이번 달에 1,000만 원을 벌었든 100만 원을 벌었든, 당신이 개인적으로 가져가는 돈은 사전에 정해둔 '고정 월급'(예: 300만 원)이어야 합니다.
- **현금 유보금(Cash Buffer)의 마법:** 매출이 월급보다 많이 발생한 달의 잉여금은 소비하는 것이 아니라, 매출이 적은 달을 대비한 '운영 예비비'로 적립합니다. 이렇게 쌓인 현금 유보금은 당신이 어떤 시장 상황에서도 흔들리지 않고 경영에 집중할 수 있게 해주는 심리적 벙커가 됩니다.
- **재무적 맷집의 시각화:** 매달 고정된 월급이 나가는 것을 보며 당신은 '내가 안정적인 기업을 운영하고 있다'는 확신을 얻게 됩니다. 이 확신이 있어야만 더 비싼 공모가를 제안할 수 있는 배짱이 생깁니다.

3. 제2단계: 자산 시스템을 통한 '기초 소득'의 요새화

변동성을 잡는 가장 강력한 무기는 당신의 노동과 상관없이 발생하는 '시스템 소득'입니다. 제가 강조해 온 글로벌 자산 배분 포트폴리오는 여기서 진가를 발휘합니다.

- **배당의 규칙성:** 매 분기 혹은 매달 들어오는 미국 우량주들의 배당금
  은 당신 기업의 '기본 매출'입니다. 노동 소득이 줄어들 때 이 배당금
  은 당신의 가상 월급을 지탱해 주는 든든한 지지선이 됩니다.
- **리밸런싱을 통한 소득 추출:** 시장이 과열되어 주식 비중이 높아졌을
  때 실행하는 리밸런싱은 단순히 비율을 맞추는 것이 아닙니다. 그것
  은 비싸진 자산의 일부를 수익으로 확정하여 당신의 '사내 유보금'으
  로 전환하는 행위입니다.
- **자본의 레버리지:** 자본이 스스로 일하며 만들어내는 규칙적인 수익
  은 1인 기업가가 가질 수 있는 가장 고귀한 '안전장치'입니다.

4. 제3단계: AI와 구독 모델을 통한 '반복 매출' 설계

노동력을 투입해야만 발생하는 매출(Service)은 필연적으로 변동성을 동
반합니다. 사장처럼 일하기 위해서는 당신의 지식을 '반복 구매 가능한 상
품'으로 리밸런싱해야 합니다.

- **AI 기반 자동화 상품:** 당신의 노하우를 담은 전자책, VOD 강의, 혹은
  AI 자동화 템플릿 등은 계속 다음 버전을 만들어야 합니다. 계속 증
  가하는 노하우의 템플릿은 당신이 잠든 사이에도 꾸준히 매출을 일으
  킵니다. 이는 1인 기업의 '기초 체력'을 보강하는 필수 엔진입니다.
- **멤버십과 구독:** 당신의 지식과 인사이트를 정기적으로 공시(뉴스레터
  등)하고 그 대가를 받는 구독 모델을 설계하십시오. 매달 결제되는
  구독료는 당신의 매출 그래프를 우상향의 직선으로 만들어주는 가
  장 효과적인 도구입니다.

- **시스템적 분산:** 특정 고객 한 명에게 매출의 80%가 집중되어 있다면 그것은 고용된 것이나 다름없습니다. AI와 미디어를 활용해 수많은 소액 결제 고객을 확보하는 '지분 분산' 전략을 통해 한두 명의 고객 이탈이 경영 전체를 흔들지 못하게 만드십시오.

5. 제이안의 통찰: 변동성은 피**하는 것이** 아니라 **'경영'하는 것이**다

주식 시장의 변동성을 이용해 수익을 내는 투자가 있듯이, 1인 기업가 역시 소득의 변동성을 역이용해야 합니다. 매출이 폭발하는 시기에는 자만하지 말고 자산 시스템에 더 많은 자본을 수혈하십시오. 매출이 정체되는 시기에는 조급해하지 말고 AI 툴을 고도화하고 지식 자산을 쌓는 R&D에 집중하십시오.

독립 상장 후의 삶이 불안한 이유는 당신의 실력이 부족해서가 아니라, 당신의 **재무 운영 시스템**이 부재하기 때문입니다.

- **자산 배분으로 기초를 다지고,**
- **유보금으로 흐름을 조절하며,**
- **AI와 구독 모델로 매출의 성격을 바꾸십시오.**

노동 소득의 불규칙함을 시스템 소득의 규칙함으로 덮어씌울 때, 당신은 비로소 진정한 의미의 '경제적 독립'을 달성하게 됩니다. 변동성을 통제하는 자가 시장을 지배합니다. 당신의 통장 잔고가 아니라 당신의 시스템을 믿으십시오. 그것이 1인 기업이라는 종목을 장기 우량주로 만드는 유일한 비결입니다.

변동성 관리를 위한 '나 주식회사' 재무 운영 매뉴얼

불규칙한 수입 속에서 평정심을 유지하기 위해 제이안이 실천하는 3대 재무 원칙입니다.

1. '6개월 예비비'를 결사적으로 사수하라
사업 통장에 최소 6개월 치 생활비를 현금으로 항상 보유하십시오. 이 돈은 투자의 대상이 아니라 당신의 '공포를 차단하는 비용'입니다. 이 예비비가 꽉 차 있을 때 당신은 비굴한 협상을 거절하고 당신의 가격 결정권을 지킬 수 있습니다.

2. 매출의 30%는 무조건 '미래 엔진'으로 직행시켜라
수입이 생길 때마다 세금과 생활비를 떼기 전, 먼저 30%를 떼어 글로벌 자산 배분 포트폴리오(VOO, QQQ 등)에 투입하십시오. 이것은 당신의 은퇴를 준비하는 것이 아니라, 당신의 노동을 대체할 '**디**지털 노예'를 사는 행위입니다.

3. '취미의 사업화'를 통한 정서적 리밸런싱
비즈니스 매출이 떨어질 때 오는 우울감은 당신이 즐거워하는 취미 활동(글쓰기, 운동, 코딩 등)을 통해 해소하십시오. 즐거움에서 시작된 활동이 다시 지식 콘텐츠가 되고, 이것이 새로운 매출로 이어지는 선순환 구조를 만드십시오. 즐거움은 변동성을 견**디**는 가장 값싼 에너지원입니다.

지금 당장 당신의 들쭉날쭉한 소득을 직선으로 펴기 위한 작업을 시작하십시오.

항목	경영 조치	목표 및 기대 효과
계좌 분리	개인 계좌 vs 사업 계좌 완전 분리	가상 월급 지급 기반 마련
월급 책정	월 매출과 상관없는 고정 급여 설정	심리적 안정감 및 가계 계획수립
예비비 적립	매출 초과분을 '운영 유보금' 계좌로 이체	소득 가뭄 시기의 방어막 구축
자동화 매출	전자책/VOD 등 시스템 매출 1건 런칭	노동 없는 기초 체력 확보
자산 리벨런싱	수익금을 VOO/QQQ/ 안전자산으로 배분	변동성을 자산의 복리로 전환

실행 팁: 이번 달 매출이 평소보다 많다면, 그것을 행운이라 생각하고 다 쓰지 마십시오. 그것은 미래의 당신에게 빌려온 돈입니다. 그 돈을 자산 시스템에 넣거나 유보금으로 쌓을 때, 당신의 경영은 비로소 '상장 기업' 수준으로 격상됩니다.

제이안의 한마디

소득의 변동성은 1인 기업가의 숙명이지만, 그것을 시스템으로 길들이는 것은 경영자의 실력입니다. 파도를 타는 서퍼처럼, 당신의 재무 시스템이라는 보드 위에 올라타십시오. 파도가 높든 낮든 당신은 안전하게 목적지로 향할 것입니다. 오늘부터 당신은 스스로에게 월급을 주는 당당한 CEO입니다.

34.

[변동성 관리 ②]

1인 기업가의 우울증:
고독이라는 비용을 지불하라

1. 자유의 이면: 아무도 **당신**을 찾지 않는 시간의 무게

    독립 상장 전, 우리는 '지옥 같은 출근길'과 '숨 막히는 상사'로부터 벗어나는 것만을 꿈꿨습니다. 하지만 사표를 던지고 맞이한 자유의 들판은 생각보다 훨씬 더 고요하고 차갑습니다. 직장이라는 조직은 우리에게 스트레스를 주기도 했지만, 동시에 '소속감'이라는 보이지 않는 보호막을 제공했습니다. 매일 아침 인사를 나누는 동료들, 공동의 목표를 향한 협력, 점심시간의 가벼운 농담은 우리가 사회의 일원임을 확인시켜 주던 정서적 산소였습니다.

    독립 상장 후, 당신은 비로소 이 모든 소음을 걷어낸 '절대적 고독'과 마주하게 됩니다. 하루 종일 누구와도 말을 섞지 않은 채 노트북 모니터만 바라보는 일상이 반복되면, 어느덧 자유는 '고립'으로 변질됩니다. 1인 기업가에게 찾아오는 우울증은 실력이 없어서 생기는 것이 아닙니다. 그것은 타인과의 연결이라는 인간의 본능적 욕구가 결핍될 때 발생하는 '독립의 부작용'입니다. 경영자로서 당신은 이 고독을 피할 수 없는 비용으로 인정하고, 이를 관리하기 위한 정서적 재무제표를 작성해야 합니다.

225

2. 고독은 '자유를 위한 세금'이다: 비용 처리의 관점

주식 시장에서 기업이 수익을 내기 위해 법인세를 내듯, 1인 기업가는 자유로운 의사결정권을 갖는 대가로 고독이라는 세금을 지불합니다. 세금을 아예 안 낼 수는 없지만, 절세 전략을 통해 그 부담을 줄일 수는 있습니다.

- **심리적 감가상각:** 당신의 멘탈 에너지는 매일 조금씩 소모됩니다. 특히 혼자서 모든 책임을 져야 하는 상황은 심리적 자본을 빠르게 갉아먹습니다. 이를 방치하면 결국 번아웃이라는 '상장 폐지' 위기를 맞게 됩니다.
- **기회비용의 재해석:** 고독한 시간은 당신이 시장의 소음에서 벗어나 '본질적인 R&D'에 몰입할 수 있는 유일한 기회이기도 합니다. 고독을 견디지 못해 다시 조직으로 돌아가는 것은, 당신의 시가총액을 포기하고 다시 '부품'으로 돌아가는 비싼 대가를 치르는 일입니다.
- **감정의 리밸런싱:** 주식 시장이 폭락할 때 평정심을 유지해야 하듯, 우울감이 찾아올 때 이를 비즈니스의 실패가 아닌 '일시적인 심리적 변동성'으로 간주하고 관리하는 능력이 필요합니다.

3. 사내 재무팀이 주는 심리적 해자: 돈이 없으면 고독은 '지옥'이 된다

1인 기업가의 우울증이 위험한 진짜 이유는 그것이 '경제적 불안'과 결합할 때입니다. 소득이 불규칙한 상태에서 고독까지 겹치면, 인간의 뇌는 생존의 위협을 느끼고 극단적인 불안감에 빠집니다.

- **현금이 주는 평온함:** 제가 강조해 온 글로벌 자산 배분 시스템은 당신의 멘탈을 지켜주는 최후의 보루입니다. 배당형 ETF를 포함하는 포트폴리오가 가져다주는 배당금, 그리고 정해진 원칙에 따라 우상향하는 자본 시스템은 당신에게 "당장 이번 달 매출이 적어도 내 삶은 무너지지 않는다"는 강력한 안도감을 줍니다.
- **협상의 여유:** 재무적 해자가 있는 1인 기업가는 고독을 해소하기 위해 아무나 만나지 않습니다. 돈에 쫓기면 외로움을 핑계로 영양가 없는 모임에 기웃거리거나 부적절한 파트너십을 맺게 되지만, 자산 시스템이 든든한 사람은 '품격 있는 고독'을 선택할 수 있습니다.
- **심리적 유보금:** 정기적인 리밸런싱을 통해 확보된 현금은 당신이 우울감을 느낄 때 과감히 휴식을 취하거나, 새로운 취미 활동에 투자할 수 있는 '멘탈 복구 비용'이 됩니다.

4. AI와 플랫폼: 고독을 레버리지하는 디지털 파트너십

1인 기업가는 혼자이지만, 기술적으로는 결코 혼자가 아닙니다. 현대의 기술은 고독의 농도를 조절할 수 있는 훌륭한 도구를 제공합니다.

- **AI와의 지적 대화:** AI는 단순히 업무 도구가 아닙니다. 당신의 비즈니스 아이디어를 검증해주고, 끝없이 질문을 던지며, 때로는 위로와 격려를 건네는 '최고 전략 책임자(CSO)'이자 파트너입니다. AI와 대화하며 사고를 확장하는 과정은 고립된 뇌를 자극하는 훌륭한 지적 소통이 됩니다.
- **미디어를 통한 느슨한 연결:** 유튜브 채널이나 블로그는 당신의 목소

리를 세상에 내보내는 창구이자, 당신을 지지하는 '우호 지분(팬덤)'과 소통하는 가상의 광장입니다. 얼굴을 드러내지 않더라도 당신의 가치에 공감하는 이들의 댓글과 반응은 고독이라는 비용을 상쇄해주는 강력한 '정서적 배당금'이 됩니다.

- **취미의 커뮤니티화:** 당신이 즐기는 취미를 비즈니스와 결합하여 소규모 모임을 운영해 보십시오. 이는 '일'로서의 인간관계가 아닌, '가치'로서의 인간관계를 형성하여 1인 기업가의 고질적인 소외감을 해결해 줍니다.

5. 제이안의 통찰: 고독을 '창조적 고요'로 리밸런싱하라

상장 기업의 CEO들이 가장 힘들어하는 것이 바로 '정상에서의 고독'입니다. 1인 기업가인 당신 역시 이제 한 기업의 수장으로서 그 고독을 숙명으로 받아들여야 합니다.

우울감이 찾아오는 날에는 억지로 일을 하려 하지 마십시오. 대신 당신의 자산 포트폴리오를 점검하며 숫자가 주는 위로를 받으십시오. 그리고 당신의 AI 팀원들과 새로운 프로젝트의 영감을 나누십시오.

독립은 모든 관계를 끊는 것이 아니라, '원치 않는 관계'를 끊고 '나를 성장시키는 관계'를 직접 선택하는 권한을 얻는 것입니다.

자본 소득이라는 방패 뒤에서 누리는 '창조적 고요'는 당신을 세상 그 누구도 흉내 낼 수 없는 독보적인 통찰가로 만들어 줄 것입니다. 고독이라는 비용을 당당히 지불하십시오. 그 비용의 끝에는 타인에게 휘둘리지 않는 진정한 자아의 완성, 즉 '인생의 완전한 상장'이 기다리고 있습니다.

고독이라는 비용을 관리하는 'CFO(Chief Feeling Officer)' 수칙

당신 내부의 감정 경영자를 위해 제이안이 권고하는 3대 감정 관리 원칙입니다.

1. '의도적인 외부 노이즈'를 허용하라

일주일에 최소 두 번은 도서관이나 카페 등 사람들이 있는 곳에서 업무를 보십시오. 대화는 하지 않더라도 타인의 존재를 느끼는 것만으로도 뇌의 고**립**감은 상당 부분 해소됩니다. '사회적 거리두기'가 아닌 '사회적 공존' 속에서 독**립**을 유지하십시오.

2. '자산 리포트'를 보며 멘탈을 리밸런싱하라

불안함이 엄습할 때마다 당신이 구축한 글로벌 우량주들의 주가 차트(장기 우상향)와 배당 내역을 확인하십시오. "세상은 변하고 진보하며, 내 자산은 그 흐름에 올라타 있다"는 사**실**은 당신이 혼자가 아니라는 가장 강력한 경제적 위로가 됩니다.

3. '루틴'이라는 뼈대를 세워라

불규칙한 생활은 우울증의 지름길입니다. 정해진 시간에 일어나고, 정해진 시간에 AI와 업무를 시작하며, 정해진 시간에 리밸런싱을 수행하는 루틴은 당신의 일상에 '조직적 질서'를 부여합니다. 루틴은 1인 기업가를 지탱하는 보이지 않는 사옥(社屋)입니다.

[Action Plan] **나 주식회사 '정서적 변동성' 관리 지표**

고독과 우울감을 체계적으로 관리하기 위해 아래의 체크리스트를 정기적으로 **점검**하십시오.

관리항목	점검 내용	조치 사항
사회적 연결 지수	일주일에 3회 이상 타인(가족 제외)과 소통했는가?	전문가 커뮤니티 참여 또는 취미 모임 예약
재무적 안심 지수	자산 시스템이 6개월 이상의 생활비를 방어 중인가?	포트폴리오 비중 재점검 및 리밸런싱 실행
AI 협업 지수	AI와 아이디어를 나누며 지적 자극을 얻었는가?	새로운 프롬프트 연구 및 AI 기반 프로젝트 기획
신체적 활력 지수	하루 30분 이상 햇볕을 쬐며 운동했는가?	오전 10시 산책 루틴 강제 고정

실행 팁: 우울감이 깊어지는 저녁 시간에는 주가 창을 닫고, 당신이 가장 좋아하는 취미의 세계로 몰입하십시오. **4**월과 10월에 자산을 리밸런싱하듯, 당신의 마음도 계절마다 한 번씩은 반드시 '완전한 휴식'으로 리밸런싱해 주어야 합니다.

제이안의 한마디

고독은 당신이 잘못 살고 있다는 신호가 아니라, 당신이 누구에게도 의존하지 않는 '자유로운 존재'로 거듭나고 있다는 성장통입니다. 그 통증을 견뎌낼 수 있는 재무적 체력과 기술적 도구를 갖추십시오. 고독을 즐길 수 있는 사람만이 비로소 세상을 이끌 수 있습니다. 당신은 지금 가장 고귀한 비용을 지불하고 있는 중입니다.

나라는 기업을 상장하라

35.

[배당 수익 ①]

자산 소득이 내 생활비를 감당하는 '완전한 상장'

1. 상장의 최종 단계: '완전한 상장'이란 무엇인가?

　주식 시장에서 성공적인 IPO(기업 공개)란 단순히 주식을 발행하는 것만을 의미하지 않습니다. 시장으로부터 그 가치를 인정받아 충분한 자금을 조달하고, 그 자본을 바탕으로 기업이 스스로 성장할 수 있는 동력을 갖추었을 때 우리는 비로소 성공적인 상장이라 부릅니다. 1인 기업가인 당신에게 '완전한 상장'이란, 당신이 구축한 자산 시스템에서 나오는 수익(배당 및 시세 차익)이 당신의 기초 생활비를 완전히 추월하는 상태를 의미합니다.

　이 단계에 도달하면 당신이라는 기업은 더 이상 외부의 수입(노동 소득)에 목매지 않아도 되는 '재무적 자생력'을 갖게 됩니다. 어제까지는 생존을 위해 일했다면, 오늘부터는 오직 당신의 가치를 높이고 세상을 이롭게 하는 '본질적인 경영'에만 집중할 수 있는 상태, 이것이 바로 1인 기업가 상장 로드맵의 종착지이자 새로운 시작점입니다. 완전한 상장은 단순히 '은퇴'를 의미하는 것이 아닙니다. 당신의 노동력이 가장 고부가가치인 곳에만 쓰일 수 있도록 자본이 당신의 시간을 '전량 매수'해 주는 사건입니다.

231

2. 제1 엔진: 글로벌 지수가 지급하는 '디지털 월급'

완전한 상장을 지탱하는 첫 번째 기둥은 전 세계에서 가장 유능한 기업들이 당신에게 지급하는 배당금입니다. 제가 강조해 온 **S&P 500과 나스닥 기반의 포트폴리오**는 이 단계에서 당신의 '종신 고용주'가 됩니다.

- **거인들의 노동을 수확하라:** 애플, 마이크로소프트, 엔비디아와 같은 기업들은 수만 명의 천재와 천문학적인 AI 컴퓨팅 파워를 동원해 돈을 법니다. 당신이 이들의 지분을 소유하고 있다는 것은, 그들의 혁신과 성장의 결과물을 당신의 '배당 수익'으로 치환하고 있다는 뜻입니다.
- **배당의 복리 마법:** 초기에는 미미해 보이던 배당금이 시스템 투자의 임계점을 넘어서는 순간, 당신의 월간 생활비를 하나둘씩 지워나가기 시작합니다. 통신비가 해결되고, 식비가 해결되며, 결국 주거비와 교육비까지 자산 시스템이 책임지게 되는 과정. 이것이 바로 당신이라는 기업이 시장에서 누리는 '재무적 자유의 복리'입니다.

3. 제2 엔진: AI와 시스템이 만드는 '무형 자산의 로열티'

자본 시스템이 방패라면, 당신이 구축한 **지식 자산 시스템**은 창입니다. 완전한 상장을 달성한 CEO는 자신의 지식을 AI를 통해 제품화하고, 여기서 발생하는 '시스템 매출'을 확보합니다.

- **노동에서의 해방:** 당신이 직접 강의를 하거나 상담을 하지 않아도, 당신의 통찰을 학습한 AI 챗봇, 자동화된 온라인 클래스, 전자책 등

나라는 기업을 상장하라

이 24시간 매출을 일으킵니다.

- **순수익의 극대화:** 시스템 매출은 원가가 거의 제로에 가깝습니다. 이 수익은 다시 당신의 글로벌 자산 포트폴리오로 유입되어 금융 자산의 덩치를 더 키우는 선순환을 만듭니다.
- **브랜드 프리미엄:** 돈을 벌기 위해 일하지 않는다는 소문은 당신의 브랜드 가치를 더욱 높입니다. 사람들은 여유로운 전문가의 지식에 더 높은 공모가를 지불하며, 이는 당신의 비즈니스를 더욱 견고한 우량주로 만듭니다.

4. 사내 재무팀의 완성: 리밸런싱이 만드는 영구적 평화

완전한 상장 상태를 영구적으로 유지하기 위해 가장 중요한 것은 **원칙에 기반한 리밸런싱**입니다. 자산이 커질수록 탐욕이 고개를 들기 쉽지만, 1인 기업 CEO는 숫자에 기반한 냉정한 관리를 지속해야 합니다.

- **4월과 10월의 약속:** 시장이 아무리 뜨거워도 주식 비중이 과도해지면 덜어내어 안전 자산(채권, 금)을 채우십시오. 반대로 시장이 공포에 질려 주가가 폭락할 때, 안전 자산의 일부를 팔아 우량주의 지분을 더 확보하십시오. 이 기계적인 반복이 당신의 '완전한 상장' 지위를 평생토록 보전해 줍니다.
- **하락장을 즐기는 여유:** 생활비가 이미 자산 시스템에서 나오고 있다면, 하락장은 위기가 아니라 '자산 증식의 세일 기간'일 뿐입니다. 재무적 맷집이 완성된 CEO에게 시장의 변동성은 수익의 기회로 치환됩니다.

5. 제이안의 통찰: 상장 이후의 삶, 이제 무엇을 경영할 것인가?

'완전한 상장'의 문턱을 넘어서는 순간, 당신은 생애 처음으로 마주하는 질문 앞에 서게 됩니다. "생존의 문제가 해결된 지금, 나는 무엇을 위해 내 시간을 쓸 것인가?"

많은 이들이 경제적 자유를 얻으면 아무것도 하지 않는 삶을 꿈꾸지만, 진정한 1인 기업가는 이때부터 '위대한 가치의 경영'을 시작합니다.

- 돈이 되지 않더라도 세상을 바꿀 수 있는 AI 프로젝트를 기획하십시오.
- 당신이 사랑하는 취미를 예술의 경지로 끌어올려 그 자체로 하나의 장르가 되게 하십시오.
- 당신과 같은 길을 걷고자 하는 예비 1인 기업가들에게 지식의 배당을 나누어 주십시오.

완전한 상장은 종착역이 아니라, 당신이라는 기업이 진정으로 빛나기 위한 발사대입니다. 4월과 10월, 시스템을 점검하며 당신의 자유를 확인하십시오. 그리고 그 자유의 힘으로 오늘을 가장 뜨겁게 경영하십시오. 당신은 이미 완성된 우량주입니다.

'완전한 상장' 여부를 판가름하는 3대 재무 지표

당신이 진정으로 생업에서 졸업하고 '완전한 상장' 상태에 도달했는지 제이안의 시각으로 **점**검해 보십시오.

1. [배당 커버리지 비율] 배당 수익 / 월 평균 생활비
이 비율이 100%를 넘었다면 당신은 1차 상장에 성공한 것입니다. 만약 150%를 넘었다면 하락장에서도 생활 수준을 유지하며 오히려 자산을 재투자할 수 있는 '초우량주' 등급에 해당합니다.

2. [시간 자유 지수] 필수 노동 시간 / 전체 가용 시간
생계를 위해 반드시 해야만 하는 일의 시간이 0시간인가요? 오직 당신이 원해서 하는 활동만이 하루를 채우고 있다면, 당신은 시간의 주권을 완벽하게 회수한 CEO입니다.

3. [시스템 자생력] 비즈니스 자동화 수익 / 자산 관리 비용
당신이 개입하지 않아도 AI와 시스템이 만들어내는 수익이 당신의 시스템 유지비(소**프**트웨어 구독료, 세무 비용 등)를 상회하고 있습니까? 시스템이 스스로 숨을 쉬고 있다면 당신의 기업은 영속할 준비가 된 것입니다.

[*Action Plan*] 나 주식회사 '완전한 상장' 기념 리밸런싱

경제적 자유의 임계**점**을 돌파한 후, 시스템을 더욱 견고하게 다지기 위한 실행 계획입니다.

경영 항목	상장 후 조치 사항	기대 효과
자산 재배치	주식 60: 안전 자산 40의 비중을 재확인하고 리밸런싱 실행	시장 변동성으로부터 영구적 생존권 확보
배당금 활용	생활비를 제외한 잉여 배당금의 자동 재투자 설정	자산 규모의 지속적 우상향 및 복리 가속
비즈니스 고도화	노동 집약적 업무를 전면 폐기하고 AI 시스템으로 대체	시간당 가치의 무한 확장 및 창의적 업무 몰입
지식환원	당신의 상장 스토리를 콘텐츠화하여 공시	사회적 영향력 확대 및 우호지분 강화

실행 팁: 완전한 상장에 도달한 날, 당신 자신에게 '특별 배당'을 실시하십시오. 당신이 평소 소망하던 취미를 위한 최고급 장비를 사거나, 영감을 줄 수 있는 여행을 떠나십시오. 그 기쁨을 누리는 것 또한 시스템 경영의 중요한 일부입니다.

제이안의 한마디

완전한 상장은 통장의 숫자가 만드는 것이 아니라, 당신이 설계한 시스템에 대한 확신이 만드는 것입니다. 숫자가 당신의 생활을 감당할 때, 당신의 영혼은 비로소 자유를 얻습니다. 이제 그 자유를 가지고 세상에 당신만의 독보적인 가치를 선물하십시오. 상장 이후의 진짜 경영은 지금부터입니다.

36.

글로벌 자산 배분으로 전 세계에서
배당금을 수거하라

1. 국경 없는 경영: 당신의 사내 재무팀은 전 세계에 있다

1인 기업가로 상장한다는 것은 물리적 공간의 제약을 넘어선다는 뜻입니다. 당신의 비즈니스가 AI와 미디어를 통해 전 세계 고객과 연결되듯, 당신의 자산 또한 국경이라는 울타리를 허물어야 합니다. 대한민국이라는 좁은 시장에만 머물러 있는 것은 당신이라는 기업의 운명을 단일 국가의 변동성에 몰빵하는 위험한 도박입니다.

진정한 1인 기업 CEO는 전 세계에서 가장 혁신적이고 수익성이 높은 기업들을 자신의 '대리인'으로 고용합니다. 미국 실리콘밸리의 빅테크 기업들이 AI 혁명을 주도하고, 글로벌 소비재 기업들이 전 세계인의 지갑을 열 때, 그들이 창출한 이익의 일부가 당신의 계좌로 꼬박꼬박 입금되는 구조를 만드십시오. 이것이 바로 '글로벌 자산 배분'을 통한 부의 수거 시스템입니다. 당신은 서울의 작은 서재에서 창의적인 업무에 집중하고 있지만, 당신의 사내 재무팀은 뉴욕, 런던, 도쿄의 우량 기업들로부터 배당이라는 이름의 '경영 성과금'을 수거해 오고 있어야 합니다.

237

2. 글로벌 파이프라인: 전 세계 우량 기업을 내 '자회사'로 만드는 법

성공적인 상장 기업이 다각화된 수익 구조를 갖듯, 1인 기업가인 당신도 전 세계 자산군에 그물을 쳐야 합니다. 제가 전작부터 강조해 온 [주식 60 : 안전자산 40]의 포트폴리오는 전 세계 부의 흐름을 당신의 계좌로 연결하는 거대한 파이프라인입니다.

- **미국 시장이라는 심장 (VOO, QQQ):** 전 세계 자본주의의 정수인 S&P 500과 혁신의 상징인 나스닥 100은 당신 기업의 핵심 자회사입니다. 애플이 아이폰을 팔고, 마이크로소프트가 클라우드 서비스를 제공하며 얻는 이익은 배당금의 형태로 당신의 운영 자금이 됩니다. 이들은 인류의 기술 진보가 멈추지 않는 한, 당신을 위해 멈추지 않고 일하는 '디지털 노예'들입니다.
- **글로벌 안전 자산의 방패 (AGG, IAU):** 시장의 폭풍우가 몰아칠 때 전 세계 투자자들이 가장 먼저 찾는 것은 미국의 채권과 금입니다. 이 자산들은 당신의 포트폴리오가 하락장에서도 붕괴되지 않도록 지탱해 주는 든든한 기초 자산입니다. 위기 때 가치가 상승하는 이 방패들은 훗날 싼 가격에 우량주를 더 매수할 수 있게 해주는 '전략적 예비군'이 됩니다.

3. 달러 배당금: 세계 기축 통화로 쌓는 '경영 안전판'

글로벌 자산 배분의 가장 큰 매력 중 하나는 수익을 '달러(USD)'로 거둬들인다는 점입니다. 1인 기업가에게 달러는 단순한 외화가 아니라, 국가적

나라는 기업을 상장하라

위기 상황에서도 당신의 구매력을 보존해 주는 최후의 보루입니다.

- **환차익이라는 추가 보너스:** 경제 위기가 오면 원화 가치는 떨어지고 달러 가치는 상승합니다. 이때 당신이 보유한 글로벌 자산과 거기서 나오는 달러 배당금은 원화 가치로 환산했을 때 더 큰 가치를 발휘합니다. 남들이 환율 상승에 고통받을 때, 당신은 오히려 자산 가치가 방어되는 마법을 경험하게 됩니다.
- **글로벌 결제 능력:** AI 툴 구독료, 해외 서버 비용 등 1인 기업 운영에 필요한 대부분의 비용은 달러로 지불됩니다. 글로벌 기업들로부터 받은 달러 배당금으로 이 비용들을 직접 결제하는 구조를 만드십시오. 환전 수수료를 아끼는 것은 물론, 진정한 의미의 '글로벌 1인 기업'으로서 재무적 독립성을 확보하게 됩니다.

4. 수거 **시스템의 자**동화**: 4월과 10**월, 풍성**한 수확의** 계절

배당금을 수거하는 과정은 고통스러운 노동이 아니라 즐거운 경영 활동이어야 합니다. 1년에 두 번, 4월 21일과 10월 21일은 당신 기업의 '결산 및 배당 재투자일'입니다.

- **기계적 리밸런싱의 미학:** 시장의 과열로 주식 비중이 높아졌다면 과감히 수익을 확정하여 안전 자산을 보충하십시오. 반대로 공포에 질린 시장이 주가를 떨어뜨렸다면, 금과 채권이라는 곳간을 열어 헐값에 나온 글로벌 우량주들의 지분을 더 확보하십시오.
- **감정을 배제한 알고리즘:** 이 과정에서 당신의 예측이나 감정은 철저히

배제하십시오. 오직 사전에 설정한 비중이라는 데이터에 따라 움직이는 것이 시스템 경영의 핵심입니다. 당신이 본업에서 AI를 도구로 부리듯, 재무 관리에서도 '리밸런싱 알고리즘'을 충실한 비서로 활용하십시오.

5. 제이안의 통찰: 전 세계의 성장이 당신의 연금이 되는 삶

글로벌 자산 배분을 통해 배당금을 수거하는 삶은 단순히 돈을 버는 행위를 넘어, 인류 문명의 진보와 당신의 삶을 일치시키는 과정입니다.

인도네시아의 아이가 나이키 신발을 사고, 유럽의 직장인이 마이크로소프트 오피스로 업무를 보며, 전 세계의 데이터 센터가 엔비디아의 칩으로 돌아가는 한, 당신의 배당금 수거 시스템은 멈추지 않습니다.

- **당신은 오직 당신만이 할 수 있는 창의적인 R&D와 미디어 소통에 집중하십시오.**
- **재무는 전 세계의 1등 기업들이 당신을 위해 대신하게 만드십시오.**

이러한 시스템이 안착되면 당신은 비로소 '자유로운 경영자'로 상장된 것입니다. 더 이상 한 나라의 경기에 일희일비하지 마십시오. 전 세계를 당신의 일터로, 전 세계 우량주를 당신의 직원으로 삼으십시오. 4월과 10월, 계좌에 쌓인 글로벌 배당금을 확인하며 당신의 독립 상장이 얼마나 견고한지 확인하십시오. 세상은 넓고, 당신이 수거해야 할 부는 도처에 널려 있습니다.

글로벌 '사내 재무팀'을 위한 3대 운용 지침

전 세계에서 배당금을 효과적으로 수거하기 위해 제이안이 실천하는 핵심 매뉴얼입니다.

1. '환노출'을 두려워하지 말고 즐겨라

단기적인 환율 변동에 일희일비하며 환헤지 상품을 찾지 마십시오. 장기적으로 달러 자산을 보유하는 것 자체가 한국인에게는 가장 강력한 포트폴리오 방어 전략입니다. 달러 자산은 당신의 인생이라는 종목의 변동성을 낮춰주는 '천연 치료제'입니다.

2. '배당 재투자'의 복리 엔진을 가동하라

수거한 배당금을 즉시 소비하는 것은 황금 알을 낳는 거위의 배를 가르는 격입니다. '완전한 상장' 단계에 도달하기 전까지는 모든 배당금을 다시 시스템에 투입하여 주식 수를 늘리십시오. 주식 수라는 '군대'가 늘어날수록 다음 분기에 수거할 전리품(배당금)의 규모는 더 커집니다.

3. AI와 미디어 수입을 '글로벌 비료'로 써라

본업과 부캐 프로젝트(강의, 콘텐츠, AI 솔루션 등)에서 발생한 추가 수익은 가장 먼저 글로벌 자산 시스템에 수혈하십시오. 비즈니스라는 활동적인 엔진과 자산 시스템이라는 안정적인 엔진이 서로를 밀어주고 끌어줄 때, 당신의 기업 가치는 누구도 넘볼 수 없는 영역으로 진입합니다.

지금 당장 당신의 재무 시스템이 전 세계와 연결되어 있는지 확인해 보십시오.

점검 항목	현재 상태	개선 목표	실행 과제
자산의 지역적 분산	국내 자산 위주	미국 및 글로벌 자산 70% 이상	해외 주식 계좌로 자산 이전 및 VOO/QQQ 매수
통화의 분산	원화 100%	달러(USD) 자산 50% 이상	배당금을 달러로 수령하고 적립하기
수거의 자동화	그때그때 매수	4월/10월 정기 리밸런싱 확립	캘린더에 리밸런싱 데이 등록 및 원칙 고수
지식의 글로벌화	국내 트렌드만 추종	글로벌 기술(AI) 트렌드 분석	해외 뉴스레터 구독 및 AI 활용 능력 심화

실행 팁: 해외 주식 계좌에서 배당금 입금 알람이 울릴 때마다, 그 기업의 제품을 사용하는 주위 사람들을 둘러보십시오. "저 사람이 내 회사의 수익에 기여하고 있구나"라는 경영자의 시각을 갖는 순간, 당신의 독립 상장은 더욱 확고해질 것입니다.

제이안의 한마디

1인 기업은 작게 시작하지만, 그 재무적 뿌리는 전 세계로 뻗어 있어야 합니다. 글로벌 자본의 파도에 당신의 배를 띄우십시오. 그 파도가 당신을 원하는 곳으로 데려다줄 것입니다. 전 세계에서 배당금을 수거하는 경험은 당신을 진정한 '자유의 경영자'로 재탄생시킬 것입니다.

37.

[지속 가능성]

1인 기업은 작게 시작해서 크게 생각해야 한다

1. 프리랜서의 늪과 기업가의 바다

독립 상장에 성공한 많은 1인 기업가들이 가장 먼저 직면하는 위기는 '성장의 한계'입니다. 혼자서 모든 일을 처리하다 보니 매출이 늘어날수록 노동 강도가 높아지고, 결국 어느 지점에서 성장이 멈추는 현상을 겪습니다. 이것을 저는 '프리랜서의 늪'이라 부릅니다. 프리랜서는 자신의 시간을 팔아 돈을 벌지만, 1인 기업가는 자신의 '시스템'을 팔아 가치를 창출합니다.

지속 가능한 독립을 위해서는 몸집(Overhead)은 최소화하되, 비전(Vision)과 영향력은 무한히 확장하는 전략이 필요합니다. 물리적인 사무실이나 직원을 늘리는 방식의 '비대해진 성장'은 위기 상황에서 리스크를 키울 뿐입니다. 진정한 1인 기업의 강점은 '작은 조직의 민첩함'과 '글로벌 시스템의 확장성'이 결합할 때 나타납니다. 시작은 당신의 책상 위에서 작게 하십시오. 하지만 당신이 해결하려는 문제의 크기와 당신이 운용하는 자본의 무대는 반드시 전 세계를 향해야 합니다.

243

2. 작게 시작하라: 고정비라는 모래주머니를 제거하라

상장 기업이 재무 건전성을 유지하기 위해 가장 경계하는 것이 과도한 고정비입니다. 1인 기업가에게 고정비는 당신의 발목을 잡는 모래주머니와 같습니다.

- **물리적 공간의 해체:** 번듯한 사무실은 허영심을 채워줄 순 있지만, 당신의 비즈니스를 지켜주지는 않습니다. 클라우드와 원격 업무 툴을 활용해 전 세계 어디서든 즉시 가동될 수 있는 '모바일 본사'를 유지하십시오.
- **AI라는 무형의 팀원:** 사람을 고용하는 대신 AI 알고리즘을 고용하십시오. 마케팅, 고객 응대, 데이터 분석, 콘텐츠 제작에 이르기까지 AI는 지치지 않고 24시간 당신을 위해 일합니다. 관리 비용은 획기적으로 낮아지고, 생산성은 기하급수적으로 높아집니다.
- **리스크의 최소화:** 작게 시작한다는 것은 실패의 비용을 낮춘다는 뜻입니다. 가설을 세우고, AI로 빠르게 시제품(MVP)을 만들고, 시장의 반응을 확인하십시오. 이 민첩한 R&D 사이클이야말로 대기업이 절대 흉내 낼 수 없는 1인 기업만의 강력한 경쟁 우위입니다.

3. 크게 생각하라: 당신의 주가는 '문제 해결의 크기'에 비례한다

몸집은 작게 유지하되, 당신의 사고는 '글로벌 플랫폼'의 관점에서 움직여야 합니다. 좁은 지역 사회나 특정 인맥에만 의존하는 비즈니스는 지속 가능성이 낮습니다.

"로컬에서 행동하되, 글로벌로 사고하라(Act Local, Think Global)."

- **글로벌 시장의 문을 두드려라:** 당신의 지식 자산이 한국어라는 장벽에 갇혀 있게 두지 마십시오. AI 번역과 미디어 플랫폼을 활용해 당신의 메시지를 전 세계로 송출하십시오. 시장이 넓어질수록 당신의 '니치(Niche)'는 더 강력한 '매스(Mass)'가 됩니다.
- **글로벌 자본의 흐름에 올라타라:** 비즈니스 수익을 단순히 통장에 쌓아두지 마십시오. 앞서 구축한 글로벌 자산 배분 시스템을 통해 전 세계 우량 기업들의 성장에 당신의 수익을 재투자하십시오. 당신의 비즈니스가 잠시 주춤하더라도, 전 세계 시가총액 상위 기업들이 당신의 노후와 미래를 방어해 주는 구조를 만들어야 합니다.
- **철학의 스케일을 키워라:** "당장 얼마를 벌 것인가"가 아니라 "세상의 어떤 고통을 해결할 것인가"를 고민하십시오. 문제의 본질이 깊고 넓을수록, 시장은 당신이라는 종목에 더 높은 멀티플(가치 배수)을 부여합니다.

4. 지속 가능한 성장의 공식: 효율성과 비전의 결합

1인 기업의 성장은 직선이 아닌 곡선으로 나타나야 합니다.

항목	프리랜서적 접근(작은 생각)	1인 기업가적 접근(큰 생각)
목표	이번 달 수입 극대화	시스템 매출 및 자산 증식
도구	자신의 노동력	AI, 자동화 툴, 글로벌 자산
무대	국내, 기존 거래처	글로벌 미디어, 전 세계 우량주
위기 대응	많이 일하기	포트폴리오 리밸런싱 및 시스템 개선
지속 가능성	건강이 허락할 때까지	자본과 시스템이 일할 때까지

5. 제이안의 통찰: 작지만 무한한 '원자'의 힘

원자는 작지만 그 안에 막대한 에너지를 품고 있습니다. 1인 기업도 마찬가지입니다. 조직의 규모가 작다고 해서 비전까지 작을 필요는 없습니다. 오히려 작기 때문에 본질에 더 집중할 수 있고, 더 빠르게 방향을 전환할 수 있습니다.

지속 가능한 독립 상장이란 단순히 회사를 나오거나 돈을 많이 버는 상태가 아닙니다. **당신의 창의성이 시스템과 자본에 의해 완벽하게 보호받으며, 세상에 긍정적인 파동을 무한히 전달하는 상태**입니다.

- **AI로 업무의 군살을 빼십시오.**
- **글로벌 자산 배분으로 재무적 성벽을 쌓으십시오.**
- **그리고 당신만이 해결할 수 있는 더 크고 위대한 문제를 향해 나아가십시오.**

작게 시작한 당신의 씨앗이 전 세계라는 토양 위에서 거대한 숲을 이루는 과정, 그것이 바로 '나 주식회사'의 진정한 성공 스토리입니다. 당신은 혼자이지만, 당신의 영향력은 무한합니다.

지속 가능한 경영을 위한 '스케일업' 체크리스트

몸집을 불리지 않고 영향력만 키우기 위해 경영자가 매달 **점**검해야 할 3대 지표입니다.

1. 시스템 가동률 (Automation Rate)
당신의 업무 중 AI와 자동화 툴이 담당하는 비중이 매달 1%라도 늘어나고 있습니까? 당신의 개입이 줄어들수록 기업의 가치는 올라갑니다.

2. 글로벌 노출도 (Global Reach)
당신의 콘텐츠나 서비스가 언어와 지역의 장벽을 넘어 얼마나 멀리 퍼지고 있습니까? 글로벌 지표(조회수, 해외 결제 등)가 발생하고 있다면 당신의 비전은 올바른 방향으로 가고 있는 것입니다.

3. 자본 재투입 비율 (Reinvestment Ratio)
비즈니스 수익의 일정 부분을 전 세계 우량 자산에 꾸준히 배치하고 있습니까? 비즈니스의 현금 흐름을 글로벌 자본의 복리 엔진에 태우는 것, 그것이 가장 확실한 지속 가능성 전략입니다.

제이안의 한마디

작게 시작하는 것을 부끄러워하지 마십시오. 하지만 작게 생각하는 것은 경계하십시오. 당신의 책상은 좁을지라도 당신의 통찰은 우주를 품어야 합니다. 시스템과 자본이 당신의 뒤를 받쳐줄 때, 당신의 작은 목소리는 전 세계에 울려 퍼지는 거대한 외침이 될 것입니다.

38.

[M&A 전략]

다른 1인 기업가와 협업하여 시너지를 내는 법

1. 1인 기업의 진화: '고립된 섬'에서 '연합함대'로

많은 이들이 1인 기업을 '혼자서 모든 것을 다 하는 고독한 투쟁'으로 오해합니다. 하지만 진정한 의미의 독립 상장은 고립을 뜻하지 않습니다. 오히려 불필요한 조직의 비효율을 걷어내고, 가장 날카로운 전문성을 가진 개체들이 필요에 따라 모이고 흩어지는 '액상형 연합체'로 진화하는 것을 의미합니다.

전통적인 기업 경영에서 M&A(인수합병)는 덩치를 키우기 위한 수단이었지만, 1인 기업가에게 M&A는 '재능과 시스템의 플러그인(Plug-in)'입니다. 내가 가지지 못한 기술을 가진 다른 1인 기업가와 전략적으로 제휴함으로써, 고정비 지출 없이도 거대 기업의 인프라에 맞설 수 있는 폭발적인 시너지를 창출하는 것이 목표입니다. 사장처럼 일한다는 것은 내 손으로 모든 퍼즐을 맞추는 것이 아니라, 가장 빛나는 조각들을 가진 파트너들을 찾아 하나의 거대한 그림을 설계하는 것입니다.

2. 액상형 M&A의 핵심: '고정비 없는 결합'

1인 기업가가 직원을 고용하는 순간, 그는 '자유로운 경영자'에서 '생계 책

249

임자'로 전락하기 쉽습니다. 우리는 이 함정을 피하기 위해 프로젝트 기반의 유연한 협업 구조를 지향해야 합니다.

항목	전통적 M&A(고정형)	1인 기업 M&A (액상형)
결합 방식	자본을 통한 인수 및 고용	프로젝트 단위의 수익 배분 (Revenue Share)
리스크	높은 고정비 및 노무 리스크	낮은 초기 비용 및 유연한 해산
속도	조직 통합에 수개월 소요	즉각적인 협업 및 실행 가능
확장성	물리적 한계 존재	전 세계 전문가와 무한 확장 가능

이러한 협업을 가능케 하는 촉매제는 단연 **AI**입니다. 서로 다른 작업 방식과 데이터 형식을 AI라는 공통의 언어로 조율함으로써, 협업 시 발생하는 소통 비용을 획기적으로 낮출 수 있습니다. 각자가 AI를 부리는 '지휘관'이 되어 서로의 시스템을 연결할 때, 1+1은 2가 아닌 10의 가치를 만들어냅니다.

3. 시너지 방정식

1인 기업 간의 협업이 단순한 합산이 아닌 곱셈의 성과를 내기 위해서는 다음과 같은 시너지 방정식이 성립해야 합니다.

- **미디어 시너지:** 각자가 보유한 '우호 지분(팬덤)'을 공유함으로써 마케팅 범위를 기하급수적으로 넓힙니다. A의 구독자와 B의 구독자가 만나는 지점에서 새로운 시장이 열립니다.
- **재무적 시너지:** 파트너 양측이 모두 글로벌 자산 배분 시스템을 갖추

고 있을 때 협업은 가장 견고해집니다. 돈에 쫓기지 않는 두 경영자가 만날 때, 비로소 단기 이익이 아닌 '본질적인 혁신'에 집중할 수 있는 고귀한 파트너십이 탄생하기 때문입니다.

4. 파트너 선정의 IR 심사: 누구와 손을 잡을 것인가?

전략적 파트너를 고르는 과정은 우리 기업의 주주를 모시는 것만큼이나 엄격해야 합니다. 다음 세 가지 기준을 통해 상대방의 '상장 적격성'을 심사하십시오.

첫째, '독보적인 종목 코드'를 가졌는가?

나와 비슷한 일을 하는 사람이 아니라, 내가 가진 결핍을 메워줄 수 있는 상보적 키워드를 가진 사람이어야 합니다. (예: 콘텐츠 전문가 + 데이터 분석 전문가)

둘째, '자산 배분 원칙'을 이해하고 실행하는가?

재무적으로 불안정한 파트너는 위기 상황에서 가장 먼저 배신하거나 무리한 결정을 내립니다. 정해진 주기에 따라 리밸런싱을 수행하며 평정심을 유지하는 '사내 재무팀'을 보유한 파트너만이 장기적인 동행이 가능합니다.

셋째, '취미의 비즈니스화'라는 철학에 동의하는가?

일이 즐거움이 아닌 고통인 사람과의 협업은 결국 지치게 마련입니다. 자신의 영역을 즐기며 그 안에서 창의성을 발휘하는 파트너와 함께할 때, 비즈니스는 하나의 예술 작품이 됩니다.

5. 제이안의 통찰: 독립하되 연결되어라

상장은 세상에 나를 공개하는 것이지만, 동시에 세상의 우량한 가치들

과 연결되는 초대장입니다. 1인 기업의 규모는 유지하되, 협업의 네트워크
는 지구 반대편까지 뻗어 나가게 하십시오.

회사를 다니는 동안 당신이 해야 할 마지막 M&A 준비는, '나와 결이 같
은 잠재적 파트너'들을 리스트업하는 것입니다.

- **낮에는 회사의 동료 중 독립 상장 가능성이 높은 인재들을 관찰하십
  시오.**
- **밤에는 퇴근 후 연구소와 미디어 채널을 통해 외부의 전문가들에게
  먼저 가치를 제공하며 우호 관계를 맺으십시오.**

자본의 효율성이 극대화된 글로벌 포트폴리오가 당신의 뒤를 받쳐주고
있다면, 당신은 어떤 파트너와도 대등하고 품격 있는 협상을 벌일 수 있습
니다. 혼자 가면 빨리 가지만, 함께 가면 더 멀리, 그리고 더 크게 상장할
수 있습니다. 당신의 시스템에 다른 이의 시스템을 플러그인 하십시오. 그
것이 1인 기업이 대기업의 거대 자본을 이기는 진정한 M&A 전략입니다.

성공적인 '액상형 협업'을 위한 3대 운용 원칙

협업이 분쟁으로 끝나지 않고 시너지로 이어지기 위해 제이안이 강조하는 실전 매뉴얼입니다.

1. '스마트 컨트랙트'적 사고를 가져라
감정에 호소하지 말고, 기여도와 수익 배분을 사전에 명확히 수치화하십시오. AI와 자동화 도구를 활용해 **프**로젝트의 진행 상황과 성과를 투명하게 공유할 때 신뢰는 데이터로 증명됩니다.

2. 각자의 '재무적 방패'를 존중하라
파트너가 리밸런싱을 위해 시간을 내거나 투자를 위해 현금을 확보하는 행위를 비즈니스에 대한 소홀함으로 오해하지 마십시오. 오히려 상대방의 재무 시스템이 튼튼할수록 우리 공동 **프**로젝트의 안전성도 올라간다는 사실을 명심해야 합니다.

3. '느슨한 결합'의 미**학**을 유지하라
서로의 일상에 너무 깊이 개입하지 마십시오. 1인 기업의 본질은 자유입니다. **프**로젝트가 끝나면 언제든 웃으며 헤어질 수 있고, 필요할 때 다시 모일 수 있는 '액상형 관계'가 지속 가능성을 높입니다.

지금 당장 당신의 비즈니스를 확장해 줄 가상의 연합군 명단을 작성해 보십시오.

필요 역량 (Slot)	후보 인물/ 기업	기대 시너지	접근 전략
마케팅/ 채널 레버리지	유튜브 전문가 A	내 지식 상품의 시장노출 극대화	상대 채널에 유익한 데이터 무료 제공
기술/AI 자동화	프롬프트 엔지니어 B	서비스 운영 시간 50% 단축	공동 프로젝트 수익쉐어 제안
디자인/브랜딩	비주얼 디자이너 C	상장 기업 수준의 브랜드 이미지 구축	내 재무 시스템 구축 노하우 공유
재무/커뮤니티	시스템 투자자 모임	리스크 관리 및 정보교류	정기 리밸런싱 데이 공동 운영

실행 팁: 이번 주에는 당신이 **점**찍어둔 잠재적 파트너 한 명에게 커피챗을 제안해 보십시오. 돈 이야기를 먼저 꺼내기보다, 당신이 구축한 시스템이 그에게 어떤 레버리지가 될 수 있을지를 먼저 설명하는 것이 세련된 M&A의 시작입니다.

제이안의 한마디

1인 기업은 작지만, 그 연결은 무한합니다. 당신의 시스템을 열어 다른 이의 가치를 받아들이십시오. 전 세계 우량주를 자산으로 보유하듯, 전 세계 우량한 인재들을 당신의 네트워크 자산으로 편입하십시오. 함께 성장하는 기쁨이 당신의 시가총액을 두 배로 높여줄 것입니다.

39.

[세금과 법무]

나 주식회사를 지키는 최소한의 방어 기제

1. 방어막이 없는 성장은 사상누각이다

주식 시장에서 우량주로 평가받는 기업들은 매출액만 큰 기업이 아닙니다. 법무 리스크를 선제적으로 관리하고, 세무 구조를 최적화하여 순이익을 지켜낼 줄 아는 기업이 진정한 상장 기업의 자격을 갖습니다. 1인 기업가로 독립 상장한 당신에게 세금과 법무는 당신이 정성껏 일궈낸 비즈니스 성과와 자산 시스템을 외부의 위협으로부터 보호하는 '최소한의 방어 기제'입니다.

많은 이들이 번 돈(Sales)에만 집중할 때, 노련한 경영자는 남는 돈(Net Income)에 집중합니다. 세금에 대한 무지는 당신의 수익률을 갉아먹는 가장 큰 비용이며, 법무에 대한 무관심은 당신의 비즈니스를 한순간에 무너뜨릴 수 있는 폭탄과 같습니다. 이제 '전문가에게 다 맡기면 되겠지'라는 안일한 생각에서 벗어나, 당신 기업의 사내 법무팀장과 재무팀장이 되어 당신만의 방어막을 설계해야 합니다.

2. 세무 리밸런싱: 세금은 줄이는 것이 아니라 '관리'하는 것이다

자산 시스템을 4월과 10월에 리밸런싱하듯, 당신의 세무 구조 또한 정기

255

적으로 점검해야 합니다. 1인 기업가에게 세금은 피할 수 없는 비용이지만, 시스템적으로 최적화할 수 있는 영역입니다.

- **개인과 법인의 갈림길:** 매출 규모와 자산 증식 속도에 따라 개인사업자와 법인 중 어떤 구조가 당신의 '나 주식회사'에 유리한지 냉정하게 데이터로 판단하십시오. 법인은 세율의 이점이 있지만, 자금 인출의 제약이 있습니다. 반면 개인사업자는 운영은 자유롭지만 소득이 높아질수록 세금 부담이 가파르게 상승합니다. 당신의 글로벌 자산 시스템 수익과 비즈니스 매출을 합산하여 최적의 '세무 포트폴리오'를 구성하십시오.
- **비용의 자산화:** 1인 기업가에게 모든 지출은 기업 가치를 높이기 위한 R&D 비용입니다. AI 툴 구독료, 업무용 장비 구입, 지식 습득을 위한 강의료 등은 당신의 수익에서 공제되는 정당한 비용입니다. 이를 꼼꼼히 기록하고 관리하는 것은 단순한 절세가 아니라, 당신 기업의 순이익률을 극대화하는 경영 행위입니다.
- **배당 및 양도소득세 대응:** 국내외 ETF 자산 운용 시 필요하다면 절세 계좌(ISA, 연금저축 등)를 당신의 사내 재무팀 시스템에 적극적으로 편입하십시오.

3. 법무 방어선: 당신의 '종목 코드'와 '콘텐츠'를 박제하라

1인 기업가의 핵심 자산은 무형의 가치입니다. 당신의 이름, 당신만의 키워드(종목 코드), 그리고 당신이 생산한 지식 콘텐츠는 법적으로 보호받아야 할 '기업 자산'입니다.

- **상표권과 지식재산권 선점:** 당신을 상징하는 독보적인 키워드는 반드시 상표권 등록을 통해 보호하십시오. 타인이 당신의 평판에 무단 승차하는 것을 막는 첫 번째 단계입니다. 또한 AI를 활용해 제작한 콘텐츠의 경우, 저작권 관련 법적 가이드라인을 준수하며 당신만의 고유한 창작물임을 명시하는 작업이 필요합니다.

- **계약의 시스템화:** 타인이나 타 기업과 협업할 때(38의 M&A 전략), 구두 약속은 금물입니다. AI 법무 툴을 활용해 표준 계약서를 작성하고, 기여도와 수익 배분, 비밀 유지 조항 등을 명확히 하십시오. 명확한 계약은 파트너십의 신뢰를 유지하는 가장 강력한 접착제입니다.

- **면책과 보호:** 당신이 제공하는 서비스나 콘텐츠가 의도치 않게 타인에게 피해를 줄 가능성을 염두에 두어야 합니다. 이용약관과 면책 조항을 정교하게 설계하여 예상치 못한 법적 분쟁으로부터 당신의 자산 시스템을 방어하십시오.

4. AI와 데이터: 1인 기업 법무/세무의 디지털 레버리지

1인 기업가는 변호사나 세무사가 될 필요는 없지만, 그들의 지식을 효과적으로 '**빌려 쓰는**' 기술은 갖춰야 합니다.

- **AI 법무 비서:** 복잡한 약관이나 계약서를 검토할 때 AI를 활용하십시오. 조항의 위험 요소를 분석하고, 당신에게 유리한 문구로 수정하는 작업에 AI는 매우 효율적인 도구입니다.

- **자동화된 장부 관리:** 매출과 지출 데이터를 AI 기반 세무 서비스와 연동하십시오. 수동으로 영수증을 챙기는 노동에서 벗어나 실시간

으로 당신 기업의 재무 상태와 예상 세액을 파악하는 시스템을 갖춰
야 합니다.

- **정보의 리밸런싱**: 세법과 법규는 끊임없이 변합니다. 당신의 시스템
  에 최신 규제 정보를 업데이트하고, 그에 맞춰 당신의 자산 배분 전
  략을 조정하는 유연함이 필요합니다.

5. 제이안의 통찰: 깨끗한 장부가 당신의 담력을 만든다

성공적인 상장 기업의 조건 중 하나는 '지배 구조의 투명성'과 '준법 경영'입
니다. 1인 기업가인 당신이 떳떳하고 당당하게 시장에서 목소리를 낼 수 있
는 근거는 바로 당신의 깨끗한 장부와 법적 무결성에서 나옵니다.

세금과 법무를 두려워하지 마십시오. 그것은 당신의 성장을 방해하는
족쇄가 아니라, 당신의 독립을 영구적으로 보장하는 튼튼한 성벽입니다.

- **정해진 원칙에 따라 글로벌 자산 시스템을 운용하며 정당하게 세금
  을 지불하십시오.**
- **비즈니스의 모든 과정을 법적으로 보호받을 수 있는 구조로 만드십
  시오.**

재무적, 법적으로 흠잡을 데 없는 경영 상태를 유지할 때, 당신은 어떤
위기 상황에서도 흔들리지 않는 '최고의 담력'을 얻게 됩니다. 그 담력이
있어야만 더 큰 비즈니스 기회를 잡을 수 있고, 진정한 의미의 독립 상장
을 지속할 수 있습니다.

'나 주식회사'를 지키는 3대 방어 원칙

비즈니스의 안전을 담보하기 위해 제이안이 강조하는 실전 행동 지침입니다.

1. '세금 납부'를 기업 성장의 지표로 삼으라
세금을 내는 것을 아까워하기보다, "내가 이만큼의 가치를 창출했구나"라는 훈장으로 여기십시오. 정당한 납세는 당신의 소득을 '투명한 자본'으로 변환시켜 주며, 이는 추후 대규모 자산 이동이나 대출 등 금융 활동의 강력한 신용 근거가 됩니다.

2. '모르는 것은 비용'임을 명심하라
당신이 속한 업종의 주요 세제 혜택이나 법적 규제를 모르는 것은 매달 현금을 길바닥에 버리는 것과 같습니다. AI를 활용해 주기적으로 관련 정보를 요약하고 공부하십시오. 지식의 격차가 곧 세후 수익률의 격차로 이어집니다.

3. '문서화'되지 않은 협업은 거절하라
아무리 가까운 파트너라도 비즈니스 관계에서는 반드시 문서를 남겨야 합니다. 이메일, 메신저 기록, 공식 계약서 등 모든 데이터를 기록 보관하십시오. 기록은 당신의 기억력을 돕는 것이 아니라, 당신의 자산을 법적으로 보호하기 위한 증거물입니다.

지금 당장 당신의 기업이 얼마나 안전하게 보호받고 있는지 확인하십시오.

항목	점검 내용	조치 사항
세무 구조	현재 소득 대비 개인/법인 구조가 최적인가?	세무 전문가 상담 또는 AI 세무 분석 실행
상표권 보호	내 브랜드와 핵심 키워드가 상표 등록되어 있는가?	특허 정보 검색 및 상표 출원진행
글로벌 세무	해외 주식 배당/양도세에 대한 절세전략이 있는가?	ISA/연금계좌 비중 조절 및 손익 통산 실행
비용 관리	사업 관련 지출 증빙이 시스템적으로 관리되고 있는가?	자동 장부 앱 도입 및 영수증 데이터화
계약 안전성	진행 중인 모든 협업에 공식 계약서가 존재하는가?	미비한 계약 내용 문서화 및 재검토

실행 팁: 이번 주에는 당신의 '종목 코드'가 상표권 등록이 가능한지 검색해 보십시오. 그리고 지난 6개월간의 비용 지출 내역 중 빠진 증빙이 없는지 확인하십시오. 그 사소한 노력이 훗날 당신의 기업 가치를 지켜주는 천만 원, 일억 원의 가치로 돌아올 것입니다.

제이안의 한마디

공격은 화려하지만 승리는 수비가 결정합니다. 세금과 법무라는 단단한 갑옷을 입으십시오. 재무적 투명성과 법적 안정성이 갖춰진 1인 기업은 세상의 어떤 풍랑에도 흔들리지 않는 영구 우량주가 될 것입니다. 당신의 자유를 법과 시스템으로 보호하십시오.

40.

[사회적 가치]

당신의 기업은 세상에
어떤 문제를 해결해주고 있는가

1. 영혼이 없는 기업은 상장 유지 자격이 없다

주식 시장에서 최근 가장 중요하게 다뤄지는 지표 중 하나가 바로 ESG(환경, 사회, 지배구조)입니다. 단순히 돈을 잘 버는 것을 넘어, 그 기업이 사회에 어떤 선한 영향력을 끼치고 있는지가 투자자들의 중요한 판단 기준이 되었습니다. 1인 기업가로 독립 상장한 당신에게도 이 질문은 피할 수 없는 숙명입니다. "당신의 기업은 세상에 어떤 문제를 해결해주고 있는가?"

만약 당신의 비즈니스가 오직 '나의 통장 잔고'만을 위해 움직인다면, 그 기업은 영혼이 없는 껍데기에 불과합니다. 돈은 비즈니스의 '결과'이지 '목적'이 되어서는 안 됩니다. 진정한 상장 기업가란 자신의 전문 지식과 시스템을 지렛대 삼아 타인의 고통을 덜어주고, 시장의 비효율을 개선하며, 세상에 필요한 가치를 공급하는 사람입니다. 사회적 가치가 결여된 1인 기업은 일시적인 수익은 낼 수 있어도, 시장의 존경을 받는 '장수 기업'으로 남을 수는 없습니다.

261

2. 가치 평가의 재정의

경영학적 관점에서 기업의 가치는 그 기업이 해결하는 '문제의 크기'에 비례합니다. 1인 기업가는 몸집이 작기에 대기업이 해결하지 못하는 아주 좁고 깊은 사회적 문제를 해결하는 데 최적화되어 있습니다.

- **니치 마켓의 페인 포인트(Pain Point):** 당신이 가진 '독보적인 종목 코드(키워드)'는 누구를 돕기 위한 것입니까? 단순히 지식을 파는 것이 아니라, 그 지식이 없어서 고통받는 특정 집단의 문제를 해결하는 데 집중하십시오.
- **사회적 임팩트의 확장:** 당신이 개발한 AI 워크플로우가 다른 직장인들의 야근을 줄여줄 수 있다면, 당신이 설계한 자산 시스템이 평범한 가정의 노후 불안을 해소해 줄 수 있다면, 그것이 바로 당신 기업이 창출하는 가장 고귀한 사회적 가치입니다.
- **신뢰 자산의 축적:** 타인의 문제를 진심으로 해결해 줄 때, 당신의 '우호 지분(진성 팬)'은 폭발적으로 늘어납니다. 이 신뢰는 어떤 마케팅으로도 살 수 없는 강력한 무형 자산이 되어 당신 기업의 주가(몸값)를 강력하게 지탱해 줍니다.

3. AI와 시스템: 1인 기업의 '선한 영향력'을 극대화하는 레버리지

과거의 1인 기업가는 물리적 한계 때문에 큰 사회적 기여를 하기 어려웠습니다. 하지만 지금은 다릅니다. AI와 글로벌 플랫폼이라는 도구는 1인 기업가에게 거대 기업 못지않은 영향력을 부여했습니다.

- **지식의 민주화:** 당신의 전문 지식을 AI를 활용해 누구나 접근 가능한 형태(콘텐츠, 툴, 가이드)로 가공하여 배포하십시오. 소수만 누리던 정보를 대중에게 나누는 행위 자체가 거대한 사회적 기여입니다.
- **시스템의 무상 배당:** 당신의 비즈니스 모델 중 일부를 사회적 약자나 예비 창업자들에게 오픈 소스 형태로 공유해 보십시오. 당신의 시스템이 타인의 성장을 돕는 징검다리가 될 때, 당신은 비로소 '지식 자본가'를 넘어 '사회적 리더'로 추대됩니다.

4. 사내 재무팀: '사명감'을 현실로 만드는 재무적 기초

많은 이들이 사회적 가치를 이야기하지만, 정작 자신의 생계가 위태로워지면 가장 먼저 그 가치를 포기합니다. 1인 기업가가 끝까지 자신의 철학을 지키기 위해서는 견고한 재무적 성벽이 필요합니다.

- **돈에 휘둘리지 않는 신념:** 제가 강조해 온 **글로벌 자산 배분 시스템**은 당신이 수익을 위해 가치를 팔지 않아도 되게 만듭니다. 든든한 사내 금고가 비어있지 않다면, 당신은 눈앞의 이익보다 장기적인 사회적 평판을 선택할 수 있는 '담력'을 가질 수 있습니다.
- **시간의 기부:** 배당금과 시스템 수익이 당신의 생활비를 감당하기 시작하는 '완전한 상장' 단계에 도달하면, 당신은 비로소 온전히 타인을 위해 자신의 시간을 쓸 수 있는 권리를 얻게 됩니다. 재무적 자유는 당신을 게으르게 만드는 것이 아니라, 당신을 가장 가치 있는 일에 몰입하게 만드는 최고의 연료입니다.
- **시스템의 영속성:** 당신의 자산 배분 원칙(4월과 10월의 리밸런싱)을 지

켜나가는 것은 당신의 기업을 대대로 이어지는 '백년 기업'으로 만드는 기초입니다. 당신의 기업이 오래 살아남을수록, 당신이 해결하려는 사회적 문제에 대한 영향력도 지속 가능해집니다.

5. 제이안의 통찰: 상장의 끝은 '자유를 통한 헌신'이다

우리가 왜 그토록 치열하게 AI를 배우고, 미디어를 구축하며, 글로벌 자산 시스템에 매달려 왔을까요? 단순히 더 비싼 음식을 먹고 더 좋은 차를 타기 위해서였을까요? 아닙니다. 우리가 1인 기업가로 상장하려는 진짜 이유는 '내가 원하는 방식으로 세상에 기여할 수 있는 권리'를 얻기 위해서입니다.

진정한 독립 상장은 타인에게서 나를 분리하는 것이 아니라, **나라는 시스템을 통해 타인과 더 깊고 가치 있게 연결되는 것입니다.**

- **AI로 당신의 실무 시간을 지우고,**
- **자산 시스템으로 당신의 생존 불안을 제거하십시오.**
- **그리고 남는 모든 에너지와 시간으로 세상이 당신에게 맡긴 소명을 다하십시오.**

세상은 당신이 얼마를 벌었는지 기억하지 않습니다. 하지만 당신이 해결해 준 문제로 인해 얼마나 많은 사람의 삶이 바뀌었는지는 반드시 기억할 것입니다. 당신의 종목 코드가 시장에서 '가장 가치 있는 이름'으로 남는 그 날까지, 끊임없이 묻고 답하십시오. "나 주식회사는 오늘 누구를 도왔는가?" 사회적 가치는 당신 기업의 최종 목적지이자, 가장 완벽한 해자입니다.

'사회적 가치'를 경영에 내재화하는 3대 수칙

1인 기업가로서 세상을 이롭게 하며 주가를 높이기 위한 제이안의 경영 제언입니다.

1. '10%의 이타성'을 시스템화하라
당신이 번 수익의 10%나 당신이 가진 시간의 10%를 사회적 문제를 해결하는 데 무조건적으로 배정하십시오. 이것은 기부가 아니라, 당신 기업의 브랜드 가치를 높이기 위한 '사회적 R&D 비용'입니다.

2. '취미의 공익화'를 실험하라
당신이 즐겁게 몰입하는 취미가 어떻게 사회적 문제를 해결할 수 있을지 고민하십시오. 즐거움에서 시작된 선행은 지치지 않으며, 그 진정성은 시장에 거대한 울림을 줍니다. '재미있게 세상을 돕는 법'을 찾는 것이 1인 기업가의 창의성입니다.

3. '재무적 여유'를 선한 목소리로 전환하라
자산 시스템이 당신의 뒤를 받쳐주고 있다는 사실을 팬들에게 알리되, 그 여유가 '나눔'과 '교육'으로 이어지게 하십시오. "나는 이미 충분하기에, 당신의 성장을 진심으로 도울 수 있다"는 메시지는 세상에서 가장 강력한 영업 전략이자 IR입니다.

4부 상장 후 경영 - 배당금 받는 삶: 지속가능한 독립을 위하여

<u>*[Action Plan]*</u> **나 주식회사 'ESG 경영 보고서' 작성**

당신의 기업이 상장 폐지되지 않고 영속하기 위한 사회적 미션을 설정해 보십시오.

평가 항목	경영적 정의 (Mission)	구체적 실행 방안	사회적 영향력 (Impact)
사회 (Social)	내 전문 지식으로 도울 대상	소외 계층을 위한 무료 AI 교육	지식 격차 해소 및 커리어 독립 지원
지배구조 (Governance)	투명한 시스템경영	자산 배분 내역 및 비즈니스 철학 공시	1인 기업의 새로운 표준 제시
환경 (Environment)	업무 효율화를 통한 자원 절약	디지털 노마드 환경 구축 및 종이 없는 사무실	탄소 발자국 감소 및 효율적 삶 전파
미션 (Mission)	우리 기업의 존재 이유	"평범한 직장인의 독립 상장을 돕는다"	개인의 자유 확대를 통한 사회 활력 증진

실행 팁: 거창한 목표보다 지금 당장 당신의 지식을 필요로 하는 단 한 사람에게 아무런 대가 없이 최고의 솔루션을 제공해 보십시오. 그 한 사람의 인생이 바뀌는 것, 그것이 당신 기업의 첫 번째 '사회적 가치 상장'입니다.

제이안의 한마디

결국 우리는 자유롭기 위해 기업을 세웠고, 그 자유의 끝은 세상에 대한 헌신이어야 합니다. 당신의 시스템이 세상을 더 따뜻하게 만들고 있다면, 당신의 기업은 이미 우주에서 가장 비싼 시가총액을 가진 기업입니다. 상장의 진짜 주인공은 가치를 나누는 사람의 몫입니다.

5부

100년 기업으로 가는 마인드셋

41.

[혁신]

과거의 성공 방식이 오늘의 장애물이 될 때

1. 성공은 가장 잔인한 스승이다

기업 경영의 역사에서 위대한 기업들이 몰락하는 이유는 그들이 '실패'했기 때문이 아니라, 과거의 '성공'에 너무나 완벽하게 적응했기 때문인 경우가 많습니다. 노키아는 피쳐폰 시장의 절대강자였기에 스마트폰으로의 전환을 거부했고, 코닥은 필름 카메라의 제왕이었기에 디지털의 파도를 외면했습니다.

1인 기업가인 당신에게도 이 법칙은 동일하게 적용됩니다. 독립 상장 초기, 당신을 성공으로 이끌었던 그 '주특기'와 '노하우'가 시간이 흐르면 당신의 시야를 가리는 거대한 장애물이 됩니다. "예전에는 이렇게 해서 돈을 벌었는데", "내 방식이 시장에서 통했었는데"라는 기억에 머무는 순간, 당신이라는 종목은 성장이 멈춘 '사양 산업'으로 전락합니다. 100년 기업으로 가는 첫 번째 마인드셋은, 어제의 성공 방정식을 오늘 즉시 폐기할 수 있는 '자기 파괴적 혁신'의 용기입니다.

2. 기술의 유통기한: AI 시대의 지식은 우유보다 빨리 상한다

과거에는 한 번 익힌 기술로 평생을 먹고살 수 있었습니다. 하지만 2026

268

년 현재, 지식의 반감기는 유례없이 짧아졌습니다. 당신이 고수해 온 전문 지식의 상당 부분은 이미 AI가 더 빠르고 정확하게 처리하고 있을 확률이 높습니다.

- **노하우(Know-how)의 범용화:** 당신만이 알고 있다고 믿었던 비급들은 AI의 학습 데이터가 되어 누구나 접근 가능한 상식이 되었습니다. 이제 시장은 당신이 '무엇을 할 줄 아는지'보다, AI라는 거대한 지능을 활용해 '어떤 새로운 가치를 설계하는지'에 더 높은 점수를 줍니다.
- **학습의 리밸런싱:** 과거의 성공에 도취해 배우기를 멈추는 것은 자산 포트폴리오를 방치하는 것보다 훨씬 위험합니다. 당신의 지식 자산을 매일 점검하십시오. 낡은 지식은 과감히 매도하고, AI와 데이터 사이언스 같은 미래 가치가 높은 지식을 포트폴리오에 채워 넣어야 합니다.

3. 재무적 유연성: 혁신을 뒷받침하는 '현금 흐름의 여유'

혁신에는 비용이 듭니다. 새로운 기술을 배우고, 비즈니스 모델을 피벗(Pivot)하는 기간에는 일시적으로 매출이 하락할 수도 있습니다. 많은 1인 기업가가 혁신에 실패하는 이유는 실력이 없어서가 아니라, **당장 이번 달 생활비를 벌어야 한다는 조급함'** 때문에 변화의 기회를 놓치기 때문입니다.

- **사내 재무팀의 진가:** 제가 강조해 온 퇴직자산의 글로벌 자산 배분 투자 시스템은 당신에게 '실패할 자유'를 선물합니다. 자본이 스스로 일하며 배당금을 받고 이를 통해 생활비를 방어해주는 구조가 갖춰져 있다면, 당신은 과거의 수익 모델이 수명을 다했을 때 당황하지

않고 새로운 엔진을 조립할 시간을 벌 수 있습니다.

- **리스크 테이킹(Risk-taking)의 근거:** 정기적인 리밸런싱을 통해 확보한 잉여 자본은 당신 기업의 '혁신 펀드'가 됩니다. 새로운 AI 툴을 구독하고, 해외 컨퍼런스에 참여하며, 실험적인 프로젝트에 시간과 돈을 투자할 수 있는 담력은 결국 당신의 견고한 재무제표에서 나옵니다.

4. 사장처럼 일하는 혁신: '실행자'에서 '설계자'로의 끊임없는 진화

1인 기업의 지속 가능성은 대표가 얼마나 열심히 뛰느냐가 아니라, 시스템을 얼마나 자주 업그레이드하느냐에 달려 있습니다.

- **자기 해고(Self-Firing):** 스스로에게 끊임없이 물으십시오. "내가 지금 직접 하고 있는 이 일 중에서 AI나 타인의 시스템으로 대체할 수 있는 것은 무엇인가?" 내가 하던 일을 시스템에 넘기고, 나는 더 높은 차원의 전략적 고민으로 이동하는 것. 이것이 1인 기업가가 매일 수행해야 할 '인사 혁신'입니다.
- **취미의 비즈니스화 고도화:** 초기에 즐거움으로 시작했던 일이 지루한 일상이 되었다면, 그 또한 혁신의 대상입니다. 당신의 열정이 어디로 향하고 있는지 관찰하고, 그 에너지를 새로운 비즈니스 모델과 결합하십시오. 즐거움이 사라진 1인 기업은 생명력을 잃은 기계와 같습니다.

5. 제이안의 통찰: 영원한 우상향을 위한 '안티프래질(Antifragile)' 경영

주식 시장의 우량주들도 끊임없이 체질 개선을 합니다. 애플이 컴퓨터

나라는 기업을 상장하라

회사에서 모바일 기기 회사가 되고, 이제는 서비스와 AI 기업으로 변모하듯, 당신이라는 종목도 끊임없이 **'리브랜딩'** 되어야 합니다.

혁신은 대단한 발명이 아닙니다. 어제의 나를 부정하고, 오늘 더 효율적인 도구를 받아들이며, 내일의 불확실성을 기꺼이 즐기는 태도입니다.

- **AI를 경쟁자가 아닌 당신의 수석 연구원으로 임명하십시오.**
- **글로벌 자본의 복리 엔진을 당신 기업의 기초 체력으로 삼으십시오.**
- **과거의 성공 기록은 '명예의 전당'에 보관하고, 당신은 다시 '스타트업 정신'으로 무장하십시오.**

시장은 과거를 보지 않습니다. 오직 당신이 미래에 보여줄 가치에만 투자합니다. 4월과 10월, 자산을 리밸런싱하듯 당신의 마인드셋도 리밸런싱하십시오. 과거의 성공 방식이 장애물이 되기 전에 그것을 부수고 나아가는 자만이, 100년 동안 빛나는 '나 주식회사'의 주인으로 남을 것입니다.

'성공의 저주'를 깨는 CEO의 3대 혁신 질문

당신 기업의 관성이 성장을 방해하고 있지는 않은지 제이안의 시각으로 자가 진단해 보십시오.

1. "내가 지금 가장 자신 있는 일이 내일 사라진다면?"
당신의 주력 수익원이 AI에 의해 대체되거나 시장에서 사라졌을 때를 대비한 'Plan B'가 있습니까? 과거의 성공 모델을 가장 날카롭게 비판하는 사람이 바로 당신 자신이어야 합니다.

2. "나는 오늘 '새로운 도구'를 배우는 데 몇 시간을 썼는가?"
단순히 일을 쳐내는 시간(Doing)과 시스템을 개선하는 시간(Designing)의 비중을 **점**검하십시오. 설계하는 시간이 제로라면, 당신은 경영자가 아니라 자신의 시스템에 고용된 노동자일 뿐입니다.

3. "내 재무 시스템은 나의 도전을 지지하고 있는가?"
자산 배분 원칙이 무너져 돈에 쫓기고 있다면 당신은 결코 혁신할 수 없습니다. 시스템 소득이 주는 심리적 여유를 확보하고 있는지, 그 여유를 새로운 성장을 위한 실험 비용으로 전환하고 있는지 확인하십시오.

[Action Plan] 나 주식회사 '혁신 보고서' 작성

과거의 방식을 버리고 새로운 엔진을 장착하기 위한 이번 달의 실행 계획을 수립하십시오.

혁신 분야	버려야 할 과거의 방식	새로 도입할 미래의 시스템	기대 효과
운영 (Ops)	직접 하나하나 수행하던 업무	AI 에이전트 및 자동화 워크플로우	가용 시간 30% 증가
학습 (R&D)	익숙한 분야의 심화 학습	전혀 생소한 AI/ 신기술 분야 도전	비즈니스 모델의 확장성 확보
재무 (Finance)	확정 수익에 대한집착	자산 시스템 수익 기반의 과감한 투자	리스크 테이킹 능력 향상
마케팅 (IR)	과거 성과 위주의 포트폴리오	미래 비전과 시스템가치 중심 공시	브랜드 가치의 현대화 및 시가총액 증대

실행 팁: 오늘 당장 당신의 업무 중 가장 '자신 있는' 일 하나를 AI에게 맡겨보십시오. 그리고 당신은 그 시간에 한 번도 시도해보지 않았던 새로운 비즈니스 가설을 세워보십시오. 그 낯선 불편함이 바로 당신을 100년 기업으로 이끌 혁신의 신호입니다.

제이안의 한마디

혁신은 낡은 것을 버리는 것이 아니라, 더 큰 미래를 담기 위해 그릇을 비우는 과정입니다. 당신의 성공이 당신의 한계가 되지 않게 하십시오. 시스템과 자본이라는 든든한 닻을 내린 채, 끊임없이 새로운 대륙을 향해 돛을 올리는 모험가가 되십시오.

42.

[루틴]

매일 오전 9시, 당신만의 '장 열기' 의식

1. 개장 종소리가 들리지 않는 시장에서 살아남는 법

뉴욕 증권거래소나 한국거래소는 매일 아침 정해진 시간에 종을 울리며 시장의 시작을 알립니다. 이 타종 의식은 전 세계 투자자들에게 "이제부터는 공적인 신뢰와 데이터의 시간이 시작되었다"는 강력한 신호를 보냅니다. 하지만 1인 기업가인 당신의 거실이나 서재에는 종을 쳐줄 사람이 없습니다.

독립 상장 이후 가장 큰 위기는 '모호함'에서 옵니다. 눈을 뜨고 노트북을 켤 때까지 당신이 한 기업의 CEO인지, 아니면 그저 집에서 쉬는 사람인지 구분이 모호해지는 순간, 당신의 비즈니스는 변동성에 휘말리기 시작합니다. 매일 오전 9시, 당신만의 '장 열기(Market Open) 의식'이 필요한 이유는 바로 이 때문입니다. 루틴은 자유라는 이름의 무질서 속에 '경영의 질서'를 부여하는 성스러운 경계선입니다.

2. 제1단계: 사내 재무팀과의 모닝 브리핑

당신의 하루는 '내가 무엇을 해서 돈을 벌까'가 아니라, '내 자산 시스템이 밤사이 어떻게 나를 위해 일했는가'를 확인하는 것에서 시작되어야 합니다.

274

- **글로벌 지수와의 동기화:** 어제 미국 시장의 흐름은 어떠했는지, S&P 500 과 나스닥 지수가 당신의 포트폴리오(60:40 비중)에 어떤 변화를 주었는지 차분히 점검하십시오.
- **데이터 기반의 평정심:** 자본이 전 세계 혁신 기업들과 함께 숨 쉬며 우상향하고 있다는 사실을 확인하는 것은, 오늘 하루 당신이 마주할 수 많은 비즈니스적 소음으로부터 당신의 멘탈을 지켜주는 강력한 방패가 됩니다. 숫자가 주는 안도감은 당신의 목소리에 CEO다운 무게감을 더해줍니다.

3. 제2단계: AI **팀원과의 전략** 회의

재무 점검이 끝났다면, 이제 오늘 투입할 '지능의 레버리지'를 정렬할 시간입니다. 당신은 혼자 일하지만, 당신의 디지털 본사에는 수많은 AI 에이전트가 대기하고 있습니다.

- **R&D 우선순위 설정:** 오늘 수행할 업무 중 당신의 핵심 가치를 높이는 20%의 일에만 집중하십시오. 나머지 80%의 반복적이고 소모적인 일은 AI에게 위임하거나 시스템으로 자동화하는 구조를 매일 아침 다시 설계하십시오.
- **창의적 몰입의 확보:** AI가 실무를 처리하는 동안 당신은 더 높은 차원의 통찰을 얻기 위한 '사고의 시간'을 확보해야 합니다. 아침 루틴 속에 이 시간을 강제로 끼워 넣는 것, 그것이 1인 기업의 미래 시가총액을 결정하는 가장 확실한 투자입니다.

4. 제3단계: '취미의 전문화'를 위한 예열

1인 기업가에게 업무와 삶의 경계는 무의미합니다. 오히려 당신의 취미가 어떻게 비즈니스 모델로 승화될 수 있을지 고민하는 시간이 루틴에 포함되어야 합니다.

- **영감의 수집:** 당신이 사랑하는 취미 영역에서 발생한 최신 트렌드를 살피고, 그것을 당신의 '독보적인 종목 코드(키워드)'와 결합해 보십시오. 즐거움에서 시작된 에너지가 비즈니스의 엔진으로 전환되는 이 과정이 매일 아침 반복될 때, 당신의 비즈니스는 지치지 않는 생명력을 얻게 됩니다.
- **미디어 공시 준비:** 오늘 시장(대중)에게 전달할 당신만의 관점을 정리하십시오. 단순한 정보 전달이 아니라, 당신의 철학이 담긴 '공시'를 준비하는 이 짧은 의식이 당신을 평범한 프리랜서가 아닌 존경받는 경영자로 만듭니다.

5. 제이안의 통찰: 루틴은 '의지의 소모'를 막는 자동 결제 시스템이다

많은 이들이 루틴을 '엄격한 자기 절제'라고 생각하지만, 사실 루틴은 '의지력을 아껴주는 최고의 효율화 툴'입니다. 매일 무엇을 할지 고민하는 데 에너지를 쓰지 마십시오. 그것은 기업으로 치면 결재 라인이 없어 매번 사장이 도장을 찍으러 다니는 것과 같습니다.

당신의 장 열기 의식은 당신이라는 종목이 오늘 하루도 '상승 기류'를 탈 것임을 세상에 선포하는 타종입니다. 매일 오전 9시, 당신만의 종을 울리십시오. 시스템과 자본이 당신의 뒤를 받쳐주고 있다는 확신 속에서, 당신의 경영은 오늘도 완벽한 우상향을 그려나갈 것입니다.

경영자의 품격을 결정하는 '모닝 리추얼' 3계명

매일 아침 당신을 우량주로 리밸런싱하기 위해 제이안이 지키는 3가지 약속입니다.

1. '반응'하기 전에 '지배'하라

눈을 뜨자마자 이메일이나 SNS 알림에 반응하지 마십시오. 그것은 타인의 주주총회에 당신의 시간을 상납하는 행위입니다. 먼저 당신의 자산 시스템과 오늘의 경영 계획을 확인하여 주도권을 잡은 뒤에 세상을 마주하십시오.

2. '숫자'와 '단어'를 매칭하라

오늘의 자산 지표(숫자)를 확인하고, 그 지표가 주는 영감을 한 문장의 경영 철학(단어)으로 적어보십시오. 추상적인 생각과 구체적인 숫자가 결합할 때 당신의 비즈니스는 비로소 지상에 발을 붙인 강력한 시스템이 됩니다.

3. 'AI 조수'에게 오늘의 첫 **프롬프트**를 던져라

당신의 업무 효율을 극대화할 수 있는 첫 번째 질문을 AI에게 던지는 것으로 업무를 시작하십시오. "오늘 내 업무 중 자동화할 수 있는 부분을 찾아줘" 혹은 "이 주제에 대해 가장 독창적인 관점을 제시해 줘" 같은 질문이 당신의 뇌를 경영자의 모드로 전환해 줄 것입니다.

<u>*[Action Plan]*</u> **나 주식회사 '장 열기' 의식 설계도**

내일 아침 **9**시부터 즉시 실행할 당신만의 개장 루틴을 작성해 보십시오.

시간 (Time)	의식 명칭 (Ritual)	구체적 행동(Action)	기대 효과
09:00 - 09:15	**재무시스템 점검**	VOO, QQQ 주가 확인 및 자산 비중 체크	재무적 담력 확보 및 심리적 안정
09:15 - 09:30	**AI 전략 회의**	AI 에이전트 업무 할당 및 스케줄링	운영 효율 극대화 및 시간 확보
09:30 - 10:00	**딥 워크** (Deep Work)	가장 난이도 높은 핵심 콘텐츠/상품 기획	기업 가치의 실질적 상승
10:00 - 10:15	**시장 공시** (SNS/Blog)	오늘 하루 세상에 던질 나만의 인사이트 공유	우호 지분 강화 및 브랜드 관리

실행 팁: 처음에는 **15**분 정도로 짧게 시작해도 좋습니다. 중요한 것은 '매일 같은 시간에 같은 순서로' 수행하여 당신의 뇌에 강력한 경영의 회로를 새기는 것입니다. 그 뼈대가 튼튼할수록 당신의 비즈니스는 어떤 풍랑에도 흔들리지 않습니다.

제이안의 한마디

루틴은 지루한 반복이 아니라, 당신의 인생을 복리로 성장시키는 가장 정교한 알고리즘입니다. 당신의 9시가 당신의 90세를 결정합니다. 매일 아침, 당신이라는 위대한 기업을 정성스럽게 개장하십시오.

43.

1시간 일하고 10시간의 가치를 만드는 기술

1. '열**심히**'라는 환상에서 **깨**어나라

우리는 어려서부터 "성실함이 성공의 열쇠"라고 배웠습니다. 하지만 현대의 비즈니스 전장에서 성실함은 기본일 뿐, 승리를 보장하는 필살기가 아닙니다. 오히려 아무런 전략 없는 성실함은 당신의 창의성을 갉아먹고 '노동의 쳇바퀴'에 가두는 가장 무서운 함정이 됩니다.

독립 상장한 CEO에게 시간은 '소비하는 자원'이 아니라 '투자하는 자본'입니다. 10시간 동안 책상 앞에 앉아 자잘한 업무를 처리하는 것은 경영이 아니라 단순 노무에 불과합니다. 진짜 경영자는 단 1시간의 몰입을 통해 10시간 이상의 부가가치를 창출하는 '고밀도 생산성'에 목숨을 겁니다. 시간의 양(Quantity)이 아닌 질(Quality), 즉 '시간의 밀도'를 극대화하는 것만이 당신이라는 기업을 시장의 우량주로 만드는 유일한 길입니다.

2. 레버리지(Leverage): 당신을 대신해 일할 거인들을 고용**하**라

로브 무어(Rob Moore)는 그의 저서 『레버리지』에서 "당신이 남의 일을 하느라 바쁘다면, 당신의 일을 할 시간은 없다"고 경고했습니다. 1인 기업가

279

의 1시간이 10시간의 가치를 내기 위해서는 당신의 손발이 아닌, 당신의 '지능적 시스템'이 움직여야 합니다.

- **실행자에서 설계자로:** 당신이 직접 삽질을 하는 인부가 되지 말고, 굴착기를 운용하는 설계자가 되십시오. AI는 현대 비즈니스에서 가장 저렴하면서도 강력한 굴착기입니다. 1시간 동안 직접 글을 쓰는 대신, AI가 수만 개의 데이터를 조합해 최적의 결과물을 내놓을 수 있도록 '논리적 구조'를 짜는 데 1시간을 투자하십시오.
- **시스템의 무한 복제:** 당신이 만든 하나의 지식 콘텐츠가 잠든 사이에도 수만 명에게 전달되는 플랫폼의 힘을 활용하십시오. 1시간의 녹화가 수백 번의 유료 강의로 치환될 때, 당신의 시간은 물리적 제약을 넘어 무한히 확장됩니다.

3. 딥 워크(Deep Work): 고농도 몰입이 만드는 가치의 격차

칼 뉴포트(Cal Newport)는 『딥 워크』에서 "주의가 산만해진 시대에 몰입 능력은 희귀한 자산이 될 것"이라고 했습니다. 1시간의 가치가 10시간을 압도하기 위해서는 당신의 뇌를 '슈퍼 컴퓨팅 모드'로 전환해야 합니다.

- **수동적 반응의 차단:** 이메일, 메신저, SNS 알림은 당신의 시간 밀도를 떨어뜨리는 '불순물'입니다. 오전 9시, 당신만의 성역을 만드십시오. 외부의 모든 소음을 차단한 채 오직 본질적인 문제 하나에만 화력을 집중하는 1시간은, 산만한 10시간보다 훨씬 더 날카로운 결과물을 만들어냅니다.

- **본질주의(Essentialism)의 실천:** "더 많이"가 아니라 "더 적게, 하지만 더 좋게"에 집중하십시오. 10가지 일을 적당히 해내는 대신, 당신의 비즈니스를 단숨에 한 단계 끌어올릴 단 하나의 '원 싱(The One Thing)'에 모든 에너지를 쏟으십시오. 그 1시간의 승부가 당신의 시가총액을 결정합니다.

4. 심리적 안전판: 여유로운 뇌가 10배의 통찰을 낳는다

심리학자들은 인간의 뇌가 '결핍'을 느낄 때 지능 지수(IQ)가 급격히 하락한다고 말합니다. 당장 수익이 없거나 미래가 불안할 때 우리의 뇌는 근시안적으로 변하고, 시간의 밀도는 최악으로 떨어집니다.

- **평정심의 시스템화:** 1인 기업가가 고농도의 몰입을 유지하기 위해서는 등 뒤가 든든해야 합니다. 비즈니스의 부침과 상관없이 당신의 일상을 지탱해 주는 '자립적 현금 흐름 시스템'이 이미 구축되어 있다는 확신이 필요합니다.
- **불안의 리밸런싱:** 마음의 동요를 잠재우는 것은 의지력이 아니라 당신이 설계한 재무적 구조입니다. "나는 오늘 성과가 없어도 무너지지 않는다"는 심리적 여유가 있을 때, 당신의 뇌는 비로소 창의적인 모험을 감행하고 10배의 가치를 만드는 통찰력을 발휘합니다. 여유는 사치가 아니라 생산성의 필수 엔진입니다.

5. 제이안의 통찰: 당신의 1시간은 '복리'로 작동해야 한다

10시간의 노동은 10시간의 결과물로 끝나지만, 시스템을 설계하는 1시간은 복리로 자라납니다. 오늘 당신이 구축한 AI 워크플로우 1개는 내일 당신의 시간을 10분 아껴줄 것이고, 그 10분은 다시 새로운 시스템을 만드는 데 투자될 것입니다.

시간을 '관리'하려 하지 말고, 시간을 '지배'하십시오.

- **AI를 통해 당신의 단순 노동을 증발시키십시오.**
- **재무적 맷집이 주는 평온함을 딥 워크의 비료로 삼으십시오.**
- **그리고 가장 밀도 높은 1시간을 당신만의 독보적인 브랜드를 구축하는 데 헌납하십시오.**

성공은 얼마나 바쁘게 움직였느냐가 아니라, 얼마나 밀도 있게 존재했느냐에 달려 있습니다. 1시간의 몰입이 10시간의 결과물을 비웃을 만큼 압도적인 가치를 만들어낼 때, 당신은 비로소 1인 기업가라는 이름의 진짜 CEO로 상장되는 것입니다.

시간의 밀도를 10배 높이는 'CEO 업무 필터'

당신의 업무 리스트에서 쓰레기를 걸러내고 순도 높은 가치만 남기기 위한 3가지 질문입니다.

1. "이 일은 나만 할 수 있는 일인가?"
만약 AI나 기존의 시스템이 대체할 수 있는 일이라면, 당신은 지금 자신의 시급을 스스로 깎아먹고 있는 중입니다. 당신만이 낼 수 있는 '고유한 통찰'이 들어가는 일에만 1시간을 쓰십시오.

2. "이 1시간은 내일의 나를 더 자유롭게 하는가?"
단순히 소모되는 일(Doing)이 아니라, 한 번 해두면 두고두고 자산이 되는 일(Building)에 집중하십시오. 시스템을 만드는 1시간은 미래의 당신에게 100시간의 자유를 선물합니다.

3. "내 멘탈은 지금 '상장 기업가'의 품격을 유지하고 있는가?"
불안함에 쫓겨 10시간 동안 허덕이고 있다면 잠시 멈추십시오. 당신의 기초적인 생존 시스템을 **점**검하고 마음의 여유를 되찾는 것이 우선입니다. 평온한 1시간이 불안한 10시간보다 강합니다.

[*Action Plan*] 나 주식회사 '고밀도 몰입' 가이드

지금 당장 당신의 업무를 가치와 밀도의 관점에서 리밸런싱하십시오.

구분	의식 명칭 (Ritual)	고밀도 경영(1시간)	기대 효과
콘텐츠 제작	자료 조사부터 집필까지 직접 수행	핵심 로직 설계 후 AI로 초안 및 배포 자동화	AI 프롬프트 체계화
고객 응대	반복되는 문의에 일일이 답변	자주 묻는 질문(FAQ) 자동화 및 AI 챗봇 도입	고객 소통 시스템 구축
수익 창출	1:1 상담이나 외주용역	지식 상품의 패키징 및 자동판매 시스템	유료 자동화 솔루션 런칭
자기 계발	단순히 강의만 듣고 시간 보내기	실전에 즉시 적용 가능한 AI 기술 습득 및 실험	R&D 결과의 콘텐츠화

실행 팁: 내일 하루는 '1시간 집중하고 나머지 시간은 쉬기'를 실험해 보십시오. 단, 그 1시간만큼은 AI를 파트너 삼아 당신의 모든 지적 역량을 쏟아부어야 합니다. 그 결과물이 평소의 10시간보다 낫다는 것을 데이터로 확인하는 순간, 당신의 인생은 골든 크로스를 맞이하게 될 것입니다.

제이안의 한마디

바쁘다는 말은 당신이 시스템을 통제하지 못하고 있다는 고백과 같습니다. 10시간의 분주함보다 1시간의 고요한 통찰을 선택하십시오. 당신의 가치는 당신이 쓴 시간이 아니라, 당신이 남긴 결과물의 밀도로 증명됩니다.

44.

[상장의 목적]

결국 자유롭기 위해 우리는 기업을 세웠다

1. 상장의 종착지는 '사표'가 아니라 '주도권'이다

지금까지 우리는 44개의 꼭지를 통해 1인 기업이라는 종목을 어떻게 설계하고, 시장(세상)에 공시하며, 재무 시스템을 통해 주가를 방어할지 논의해 왔습니다. 이 긴 여정의 끝에서 우리는 다시 본질적인 질문으로 돌아와야 합니다. 우리는 왜 이토록 치열하게 나를 상장시키려 하는가?

결론은 명확합니다. 우리는 **자유롭기 위해** 기업을 세웠습니다. 여기서 말하는 자유란 단순히 회사를 그만두고 늦잠을 자는 방종이 아닙니다. 내 가치를 타인의 평가에 맡기지 않을 자유, 내가 옳다고 믿는 일에 내 시간을 온전히 투입할 수 있는 자유, 그리고 어떤 상황에서도 품위를 잃지 않을 재무적 자유를 의미합니다. '나 주식회사'의 상장은 사표를 던지기 위한 수단이 아니라, 내 삶의 경영권을 온전히 회수하기 위한 거룩한 선언입니다.

2. '퇴물'이라는 낙인을 'R&D 기간'으로 치환하는 법

현실의 직장은 때로 가혹합니다. 어느 순간 내가 조직에서 쓸모없는 존재로 느껴지거나, 이른바 '퇴물' 취급을 받으며 밀려나고 있다는 상실감이

285

엄습할 때가 있습니다. 많은 이들이 이때 감정에 치우쳐 성급하게 사표를 던집니다. 하지만 이는 경영자로서 가장 경계해야 할 '감정적 투매'입니다.

지금까지 제가 강조해 온 모든 전략은 결코 현 직장에 안주하라는 뜻이 아닙니다. 오히려 **직장 내에서의 소외감을 미래를 위한 강력한 동력으로 치환하라**는 주문입니다.

- 조직에서 나를 찾지 않는다면, 그 남는 에너지를 당신의 직무 고도화와 AI 활용 능력에 쏟으십시오.
- 당신의 취미와 관심 분야를 단순한 유희가 아닌 '지식 상품'으로 정교화하십시오.
- 직장에서의 소외는 당신에게 '나 주식회사'를 위한 최고의 R&D 시간을 선물합니다.

조직의 냉대가 아닌, 당신이 설계할 미래 비전에 몰입할 때 당신을 짓누르던 상실감은 사라집니다. 당신은 더 이상 '밀려나는 직원'이 아니라, '안정적인 자본을 바탕으로 조용히 상장을 준비하는 은밀한 CEO'가 되기 때문입니다.

3. 직장의 역설: 안정적 월급이 만드는 혁신의 담력

1인 기업을 목표로 하는 가장 큰 힘은 아이러니하게도 **현재 직장이 주는 안정적인 월급**에서 나옵니다. 벼랑 끝에 서서 배고픈 상태로 시작하는 창업은 대개 비굴한 타협으로 끝납니다. 하지만 매달 들어오는 월급이라는 현금 흐름은 당신에게 '장기적 안목'과 '실험의 자유'를 줍니다.

"직장은 당신의 꿈을 가두는 감옥이 아니라, 당신의 IPO를 지원하는 가장 든든한 투자자(Underwriter)다."

직장의 월급을 기반으로 차근차근 준비하는 과정은 단순히 돈을 모으는 것 이상의 의미가 있습니다.

- **재무적 안정성:** 생활비 걱정 없이 장기적인 재무 시스템을 구축하고 리밸런싱 원칙을 체득할 수 있습니다.
- **스트레스의 승화:** 업무에서 오는 스트레스를 "이 또한 내 비즈니스를 위한 데이터다"라고 생각하며 다스릴 수 있습니다.
- **역설적 인정:** 흥미로운 사실은, 나만의 기업을 준비하며 직무를 깊게 파고 AI와 미디어를 공부하다 보면, 되려 현 직장에서 그 역량을 인정받게 되는 경우가 많다는 점입니다. 당신의 시선이 회사 밖 시장을 향할 때, 당신의 업무 퀄리티는 오히려 조직 내 누구보다 '시장 지향적'으로 변모하기 때문입니다.

4. 세 가지 축의 하모니: 직무, 미래, 그리고 재무

우리의 상장 로드맵은 세 가지 축이 동시에 맞물려 돌아가야 합니다.

축(Axis)	현재의 역할	미래의 가치
현 직장	안정적인 현금 흐름 (Cash Flow) 제공	실전 데이터를 수집하는 실험실
1인기업 준비	직무/취미의 지식 자산화 (R&D)	독립 후 주가를 결정할 핵심 엔진
재무적 투자	장기적 원칙 기반의 자산 증식	어떤 변동성에도 흔들리지 않을 방패

이 세 가지 축이 균형을 이룰 때, 당신은 비로소 감정에 휘둘리지 않는

평온한 경영자가 됩니다. 직장에서 어떤 대우를 받든 당신의 내면은 단단해집니다. 당신에게는 돌아갈 시스템이 있고, 자라나는 지식이 있으며, 당신을 대신해 일하는 자본이 있기 때문입니다. 이것이 바로 제가 제안하는 '안전하고 품격 있는 상장'의 실체입니다.

5. 제이안의 마지막 통찰: 오늘, 당신의 자유를 공시하십시오

이 책의 첫 페이지부터 마지막 장까지 제가 전하고자 한 진심은 단 하나입니다. 당신은 존재 자체로 상장될 가치가 있는 우량주라는 사실입니다. 다만 그 가치를 증명할 시스템과 도구가 부족했을 뿐입니다. 이제 책장을 덮고 당신의 장(Market)을 여십시오.

- 사표를 쓰기 전에 당신의 **시스템**을 먼저 쓰십시오.
- 화를 내기 전에 당신의 **자산 포트폴리오**를 먼저 리밸런싱하십시오.
- 절망하기 전에 **AI**라는 도구로 당신의 시간을 10배로 늘리십시오.

자유는 어느 날 갑자기 주어지는 선물이 아니라, 매일 아침 당신이 구축한 루틴과 시스템이 가져다주는 전리품입니다. 직장이라는 안전판 위에서, 당신의 전문성과 취미를 날카롭게 벼리고, 자본의 복리 엔진을 가동하십시오. 그 준비가 끝나는 날, 당신은 공포가 아닌 설렘으로 세상이라는 더 큰 시장에 당신의 이름을 등록하게 될 것입니다.

결국 자유롭기 위해 우리는 이 길을 선택했습니다. 그리고 당신은 이미 그 길 위에 서 있습니다. 오늘, 당신의 종목 코드를 당신의 가슴 속에 등록하십시오. 당신의 진짜 인생은 지금 이 순간부터 상장되었습니다.

100년 기업을 꿈꾸는 당신에게 보내는 마지막 서신

1. 직장을 '최대의 레버리지'로 활용하십시오

당신을 힘들게 하는 직장 상사는 당신의 인내심을 테스트하는 '리스크 관리 매니저'이고, 당신의 따분한 업무는 비즈니스 자동화의 '실험 재료'입니다. 모든 것을 당신 주식회사의 성장을 위한 거름으로 쓰십시오.

2. 공부를 멈추는 것은 상장 폐지 절차를 밟는 것과 같습니다

당신의 직무, AI 기술, 그리고 시장의 흐름을 공부하는 것은 생존의 문제입니다. 하지만 그 공부는 더 이상 '남의 돈'을 벌어주기 위한 것이 아니라, '나의 가치'를 높이기 위한 R&D임을 잊지 마십시오.

3. 재무적 맷집이 당신의 인격입니다

자산 배분의 원칙을 지키며 쌓아가는 자본은 당신이 세상의 부당한 요구에 "No"라고 말할 수 있는 유일한 근거입니다. 돈을 사랑해서가 아니라, 당신의 영혼을 지키기 위해 시스템 투자를 지속하십시오.

[ ] 현 직장을 나의 R&D 센터로 정의하고 감정적 소모를 차단했는가?

[ ] 매일 1시간 이상 AI와 내 전문 분야의 융합을 연구하는가?

[ ] 내 지식과 취미를 연결한 '독보적인 종목 코드'를 확정했는가?

[ ] 글로벌 자산 배분 원칙에 따라 매달 리밸런싱을 수행하고 있는가?

[ ] 오늘 하루, 내 삶의 주인이 나 자신임을 명확히 인지하고 행동했는가?

제이안의 한마디

긴 여행을 함께해 주셔서 감사합니다. 이제 당신의 시스템이 답할 차례입니다. 당신의 자유가 복리로 자라나길, 그리고 당신이라는 기업이 세상에 아름다운 배당을 나누는 위대한 존재가 되길 진심으로 응원합니다. 시장에서 만납시다.

당신의 상장 종소리가
세상에 울려 퍼질 그날을 기다리며

1. 나 또한 당신과 같은 길 위에서 고민하던 한 사람이었습니다

이 책의 마지막 장을 덮는 당신에게, 저는 경영자 대 경영자로서 진솔한 고백을 건네고 싶습니다. 저 역시 매일 아침 출근길이 무거웠고, 인사 고과에 가슴 졸이며, "내가 언제까지 이 조직에서 쓸모 있을 수 있을까?"라는 질문에 밤잠을 설치던 평범한 직장인이었습니다. 저 또한 조직의 변화 속에서 소외감을 느끼고, 사표를 만지작거리며 감정의 소용돌이에 휘말렸던 시간이 있었습니다.

하지만 그때 저를 구원한 것은 충동적인 탈출이 아니라, '시스템에 대한 확신'이었습니다. 저는 제 불안을 공부로 치환했고, 제 상실감을 데이터로 리밸런싱했습니다. AI를 동료로 삼고, 전 세계 우량 기업들을 제 사내 재무팀으로 고용하기 시작하면서 제 인생의 그래프는 비로소 '우상향'을 그리기 시작했습니다. 제가 겪은 이 변화는 어떤 특별한 천재성이나 행운의 결과가 아닙니다. 이 책에 담긴 원칙들을 하나씩 삶에 이식하며 얻어낸 '준비된 필연'이었습니다.

2. 준비된 **자에게** 독립은 '공포'가 아니라 '축제'입니다

지금 이 순간에도 직장에서 견디기 힘든 시간을 보내고 계실 당신의 마음을 깊이 공감합니다. 하지만 부디 기억하십시오. 지금 당신이 겪는 그 시련은 당신이라는 기업이 상장하기 전 거쳐야 하는 '가장 치열한 실사 과정'일 뿐입니다.

- 월급이 들어오는 지금, 아주 조금씩만 시스템을 구축해 보십시오.
- 하루 한 시간, AI와 대화하며 당신의 업무를 자동화해 보십시오.
- 술 한 잔의 유혹 대신, 전 세계 우량 자산의 지분을 한 주 더 모으십시오.
- 당신의 사소한 취미에 당신만의 독보적인 키워드를 입히십시오.

이 작은 조각들이 모여 어느 순간 임계점을 넘을 때, 당신은 깨닫게 될 것입니다. 사표는 내가 던지는 것이 아니라, 이미 완성된 시스템이 나에게 선물하는 '졸업장'이라는 사실을 말입니다. 제가 해냈다면, 이 책의 로드맵을 따라온 당신은 더 빠르고 완벽하게 해낼 수 있습니다. 당신에게는 저라는 Thought Partner와, 제가 겪은 수많은 시행착오가 담긴 이 매뉴얼이 있기 때문입니다.

3. 성공은 **이미 당신 안에서 시작되었습**니다

성공은 어느 날 갑자기 큰돈이 입금되는 순간 찾아오는 것이 아닙니다. 성공은 오늘 아침 당신이 자산 시스템을 확인하며 평정심을 유지했을 때, AI를 활용해 창의적인 가설을 세웠을 때, 그리고 내 삶의 주권이 나에게 있다는 사실을 자각했을 때 이미 시작된 것입니다.

당신은 이미 '나 주식회사'의 CEO입니다. 직장은 당신의 자본을 키워주는 후원자이고, AI는 당신의 손과 발이 되어주는 든든한 직원이며, 전 세계 시장은 당신의 가치를 기다리는 거대한 무대입니다. 이제 남은 것은 당신이 설계한 이 위대한 시스템을 믿고 묵묵히 나아가는 일뿐입니다.

4. 이제, 당신의 상장 타종을 울리십시오

이 책을 덮는 순간이 당신의 공부가 끝나는 날이 아닙니다. 오히려 당신이라는 종목이 시장에 공식적으로 등록되어 거래를 시작하는 '상장 첫날'입니다.

시장은 때로 요동치고, 때로는 당신을 외면할지도 모릅니다. 하지만 두려워 마십시오. 당신의 등 뒤에는 당신이 헌신적으로 구축한 **재무적 방패**와 **기술적 레버리지**가 있습니다. 그리고 무엇보다, 당신의 가치를 믿고 지지하는 진성 팬들과 이 길을 함께 걷고 있는 제가 있습니다.

먼 훗날, 당신이 '완전한 상장'의 위치에서 이 책을 다시 떠올리며 미소 짓길 바랍니다. "그때 포기하지 않고 시스템을 만들길 참 잘했다"고 말하며, 당신의 자유를 마음껏 누리길 기도합니다. 당신의 성공적인 상장을 진심으로 축하합니다. 그리고 당신의 위대한 경영을 끝까지 응원하겠습니다.

자, 이제 당신만의 전광판에 당신의 이름을 새기십시오. 당신의 경영은 지금 이 순간, 가장 찬란하게 시작되었습니다.

직장인이자 1인 기업가

제이안 드림